现代化新征程丛书

隆国强　总主编

FUTURE
MANUFACTURING
NEW MANUFACTURING MODEL IN THE DIGITAL ERA

未来制造

数智化时代的制造新模式

中国社会科学院工业经济研究所课题组　著

中国发展出版社
CHINA DEVELOPMENT PRESS

图书在版编目（CIP）数据

未来制造：数智化时代的制造新模式 / 中国社会科学院工业经济研究所课题组著 . —北京：中国发展出版社，2024.5

ISBN 978-7-5177-1410-1

Ⅰ. ①未… Ⅱ. ①中… Ⅲ. ①商业模式－研究 Ⅳ. ①F71

中国国家版本馆 CIP 数据核字（2024）第 018106 号

书　　名：未来制造：数智化时代的制造新模式
著作责任者：中国社会科学院工业经济研究所课题组
责任编辑：王　沛　雒仁生　胡文婕
出版发行：中国发展出版社
联系地址：北京经济技术开发区荣华中路 22 号亦城财富中心 1 号楼 8 层（100176）
标准书号：ISBN 978-7-5177-1410-1
经　销　者：各地新华书店
印　刷　者：北京博海升彩色印刷有限公司
开　　本：710mm × 1000mm　1/16
印　　张：16.75
字　　数：193 千字
版　　次：2024 年 5 月第 1 版
印　　次：2024 年 5 月第 1 次印刷
定　　价：88.00 元

联系电话：（010）68990630　68360970
购书热线：（010）68990682　68990686
网络订购：http://zgfzcbs. tmall. com
网购电话：（010）88333349　68990639
本社网址：http://www.develpress. com
电子邮件：370118561@qq.com

联合编制单位

国研智库

中国社会科学院工业经济研究所

中共浙江省委政策研究室

工业和信息化部电子第五研究所（服务型制造研究院）

清华大学技术创新研究中心

清华大学人工智能国际治理研究院

上海交通大学国际与公共事务学院

上海交通大学健康传播发展中心

浙江省发展规划研究院

苏州大学北京研究院

江苏省产业技术研究院

中国大唐集团有限公司

广东省交通集团有限公司

行云集团

上海昌进生物科技有限公司

广东利通科技投资有限公司

《未来制造：数智化时代的制造新模式》课题组

课题负责人

李晓华　中国社会科学院工业经济研究所国际产业研究室主任、研究员

主要研究人员

赵剑波　中国社会科学院工业经济研究所副研究员
方晓霞　中国社会科学院工业经济研究所研究员
邓　洲　中国社会科学院工业经济研究所工业发展研究室主任、副研究员
刘佳骏　中国社会科学院工业经济研究所区域经济研究室副主任、副研究员
许　明　中国社会科学院副研究员
王秀丽　中国社会科学院工业经济研究所助理研究员
杨志浩　中国社会科学院工业经济研究所助理研究员
寇冬雪　中国信息通信研究院政策与经济研究所助理研究员
严　欢　中国社会科学院工业经济研究所博士后
王智航　牛津大学全球与区域研究学院博士研究生
张作祥　中国社会科学院大学应用经济学院博士研究生
宋孟起　中国社会科学院大学应用经济学院博士研究生
余　晓　中国社会科学院大学应用经济学院硕士研究生
叶智程　中国社会科学院大学应用经济学院博士研究生

总　序

党的二十大报告提出，从现在起，中国共产党的中心任务就是团结带领全国各族人民全面建成社会主义现代化强国、实现第二个百年奋斗目标，以中国式现代化全面推进中华民族伟大复兴。当前，世界之变、时代之变、历史之变正以前所未有的方式展开，充满新机遇和新挑战，全球发展的不确定性不稳定性更加突出，全方位的国际竞争更加激烈。面对百年未有之大变局，我们坚持把发展作为党执政兴国的第一要务，把高质量发展作为全面建设社会主义现代化国家的首要任务，完整、准确、全面贯彻新发展理念，坚持社会主义市场经济改革方向，坚持高水平对外开放，加快构建以国内大循环为主体、国内国际双循环相互促进的新发展格局，不断以中国的新发展为世界提供新机遇。

习近平总书记指出，今天，我们比历史上任何时期都更接近、更有信心和能力实现中华民族伟大复兴的目标。中华民族已完成全面建成小康社会的千年夙愿，开创了中国式现代化新道路，为实现中华民族伟大复兴提供了坚实的物质基础。现代化新征程就是要实现国家富强、民族振兴、人民幸福的宏伟目标。在党的二十大号召下，全国人民坚定信心、同心同德，埋头苦干、奋勇前进，为全面建设社会主义现代化国家、全面推进中华民族伟大复兴而团结奋斗。

走好现代化新征程，要站在新的历史方位，推进实现中华民族伟大复兴。党的十八大以来，中国特色社会主义进入新时代，这是我国发展新的历史方位。从宏观层面来看，走好现代化新征程，需要站在新的历史方位，客观认识、准确把握当前党和人民事业所处的发展阶段，不断推动经济高质量发展。从中观层面来看，走好现代化新征程，需要站在新的历史方位，适应我国参与国际竞合比较优势的变化，通过深化供给侧结构性改革，对内解决好发展不平衡不充分问题，对外化解外部环境新矛盾新挑战，实现对全球要素资源的强大吸引力、在激烈国际竞争中的强大竞争力、在全球资源配置中的强大推动力，在科技高水平自立自强基础上塑造形成参与国际竞合新优势。从微观层面来看，走好现代化新征程，需要站在新的历史方位，坚持系统观念和辩证思维，坚持两点论和重点论相统一，以“把握主动权、下好先手棋”的思路，充分依托我国超大规模市场优势，培育和挖掘内需市场，推动产业结构优化和转型升级，提升产业链供应链韧性，增强国家的生存力、竞争力、发展力、持续力，确保中华民族伟大复兴进程不迟滞、不中断。

走好现代化新征程，要把各国现代化的经验和我国国情相结合。实现现代化是世界各国人民的共同追求。随着经济社会的发展，人们越来越清醒全面地认识到，现代化虽起源于西方，但各国的现代化道路不尽相同，世界上没有放之四海而皆准的现代化模式。因此，走好现代化新征程，要把各国现代化的共同特征和我国具体国情相结合。我们要坚持胸怀天下，拓展世界眼光，深刻洞察人类发展进步潮流，以海纳百川的宽阔胸襟借鉴吸收人类一切优秀文明成果。坚持从中国实际出发，不断推进和拓展中国式现代化。党的二十大报告系统阐述了中国式现代化的五大特征，即中国式现代化是人口规模巨大的现代化、是全体人民共同富裕的现代化、是物质文明和精神文明相协调的现代化、是人与自然和谐共生的现代化、是走和平发展道路的现代化。中国式现代化的五大特征，反映出我们的现代化新征程，是基于大国经济，按照中国特色社会主义制度的本质要求，实现长期全面、绿色可持续、和平共赢的现代化。此外，党的二十大报告提出了中国式现代化的本质要求，即坚持中国共产党领导，坚持中国特色社会主义，实现高质量发展，发展全过程人民民主，丰富人民精神世界，实现全体人民共同富裕，促进人与自然和谐共生，推动构建人类命运共同体，创造人类文明新形态。这既是我们走好现代化新征程的实践要求，也为我们指明了走好现代化新征程的领导力量、实践路径和目标责任，为我们准确把握中国式现代化核心要义，推动各方面工作沿着复兴目标迈进提供了根本遵循。

走好现代化新征程，要完整、准确、全面贯彻新发展理念，着力推动高质量发展，加快构建新发展格局。高质量发展是全面建设社会主义现代化国家的首要任务。推动高质量发展必须完整、准确、全面贯彻新发展理念，让创新成为第一动力、协调成为内生特点、绿色成为普遍形态、开放成为必由之路、共享成为根本目的，努力实现高质量发展。同时，还必须建立和完善促进高质量发展的一整套体制机制，才能保障发展方式的根本性转变。如果不能及时建立一整套衡量高质量发展的指标体系和政绩考核体系，就难以引导干部按照新发展理念来推进工作。如果不能在创新、知识产权保护、行业准入等方面建立战略性新兴产业需要的体制机制，新兴产业、未来产业等高质量发展的新动能也难以顺利形成。

走好现代化新征程，必须全面深化改革、扩大高水平对外开放。改革开放为我国经济社会发展注入了强劲动力，是决定当代中国命运的关键一招。改革开放以来，我国经济社会发展水平不断提升，人民群众的生活质量不断改善，经济发展深度融入全球化体系，创造了举世瞩目的伟大成就。随着党的二十大开启了中国式现代化新征程，需要不断深化重点领域改革，为现代化建设提供体制保障。2023年中央经济工作会议强调，必须坚持依靠改革开放增强发展内生动力，统筹推进深层次改革和高水平开放，不断解放和发展生产力、激发和增强社会活力。第一，要不断完善落实“两个毫不动摇”的体制机制，充分激发各类经营主体的内生动力和创新活力。公有制为主体、多种所有制经济共同发展是我国现代化建设的重要优势。推动高质量发展，需要深化改革，充分释放各类经营主体的创新活力。应对国际环境的复杂性、严峻性、不确定性，克服“卡脖子”问题，维护产业链供应链安全稳定，同样需要为各类经营主体的发展提供更加完善的市场环境和体制环境。第二，要加快全国统一大市场建设，提高资源配置效率。超大规模的国内市场，可以有效分摊企业研发、制造、服务的成本，形成规模经济，这是我国推动高质量发展的一个重要优势。第三，扩大高水平对外开放，形成开放与改革相互促进的新格局。对外开放本质上也是改革，以开放促改革、促发展，是我国发展不断取得新成就的重要法宝。对外开放是利用全球资源全球市场和在全球配置资源，是高质量发展的内在要求。

知之愈明，则行之愈笃。走在现代化新征程上，我们出版“现代化新征程丛书”，是为了让社会各界更好地把握当下发展机遇、面向未来，以奋斗姿态、实干业绩助力中国式现代化开创新篇章。具体来说，主要有三个方面的考虑。

一是学习贯彻落实好党的二十大精神，为推进中国式现代化凝聚共识。党的二十大报告阐述了开辟马克思主义中国化时代化新境界、中国式现代化的中国特色和本质要求等重大问题，擘画了全面建成社会主义现代化强国的宏伟蓝图和实践路径，就未来五年党和国家事业发展制定了大政方针、作出了全面部署，是中国共产党团结带领全国各族人民夺取新时代中国特色社会主义新胜利的政治宣言和行动纲领。此套丛书，以习近平新时代中国特色社会主义思想为指导，认真对标对表党的二十大报告，从报告原文中找指导、从会议精神中找动力，用行动践行学习宣传贯彻党的二十大精神。

二是交流高质量发展的成功实践，释放创新动能，引领新质生产力发展，为推进中国式现代化汇聚众智。来自20多家智库和机构的专家参与本套丛书的编写。丛书第二辑将以新质生产力为主线，立足中国式现代化的时代特征和发展要求，直面各个地区、各个部门面对的新情况、新问题，总结借鉴国际国内现代化建设的成功经验，为各类决策者提供咨询建议。丛书内容注重实用性、可操作性，努力打造成为地方政府和企业管理层看得懂、学得会、用得了的使用指南。

三是探索未来发展新领域新赛道，加快形成新质生产力，增强发展新动能。新时代新征程，面对百年未有之大变局，我们要深入理解和把握新质生产力的丰富内涵、基本特点、形成逻辑和深刻影响，把创新贯穿于现代化建设各方面全过程，不断开辟发展新领域新赛道，特别是以颠覆性技术和前沿技术催生的新产业、新模式、新动能，把握新一轮科技革命机遇、建设现代化产业体系，全面塑造发展新优势，为我国经济高质量发展提供持久动能。

“现代化新征程丛书”主要面向党政领导干部、企事业单位管理层、专业研究人员等读者群体，致力于为读者丰富知识素养、拓宽眼界格局，提升其决策能力、研究能力和实践能力。丛书编制过程中，重点坚持以下三个原则：一是坚持政治性，把坚持正确的政治方向摆在首位，坚持以党的二十大精神为行动指南，确保相关政策文件、编选编排、相关概念的准确性；二是坚持前沿性，丛书选题充分体现鲜明的时代特征，面向未来发展重点领域，内容充分展现现代化新征程的新机遇、新要求、新举措；三是坚持实用性，丛书编制注重理论与实践的结合，特别是用新的理论要求指导新的实践，内容突出针对性、示范性和可操作性。在上述理念与原则的指导下，“现代化新征程丛书”第一辑收获了良好的成效，入选中宣部“2023年主题出版重点出版物选题”，相关内容得到了政府、企业决策者和研究人员的极大关注，充分发挥了丛书服务决策咨询、破解现实难题、支撑高质量发展的智库作用。

“现代化新征程丛书”第二辑按照开放、创新、产业、模式“四位一体”架构进行设计，包含十多种图书。其中，“开放”主题有“‘地瓜经济’提能升级”“跨境电商”等；“创新”主题有“科技创新推动产业创新”“前沿人工智能”等；“产业”主题有“建设现代化产业体系”“储能经济”“合成生物”“绿动未来”“建设海洋强国”“产业融合”“健康产业”等；“模式”主题有“未来制造”等。此外，丛书编委会根据前期调研，撰写了“高质量发展典型案例（二）”。

相知无远近，万里尚为邻。丛书第一辑的出版，已经为我们加强智库与智库、智库与传播界之间协作，促进智库研究机构与智库传播机构的高水平联动提供了很好的实践，也取得社会效益与经济效益的双丰收，为我们构建智库型出版产业体系和生态系统，实现“智库引领、出版引路、路径引导”迈出了坚实的一步。积力之所举，则无不胜也；众智之所为，则无不成也。我们希望再次与大家携手共进，通过丛书第二辑的出版，促进新质生产力发展、有效推动高质量发展，为全面建成社会主义现代化强国、实现第二个百年奋斗目标作出积极贡献！

隆国强
国务院发展研究中心副主任、党组成员
2024年3月

数字经济时代的物种爆发

（代前言）

地球大约形成于45.5亿年前，在至少38.5亿年前，地球上出现了生命。在5.3亿年前的寒武纪，生物的多样性激增①。在寒武纪地层中，发现门类众多的动物化石，涉及20个现生动物门类和至少6个绝灭动物门类，除苔藓动物门类之外的所有具矿化骨骼的现生动物门类在寒武纪大爆发时期相继出现②，这种现象被古生物学家称为“寒武纪大爆发”。地球生命的演化史上曾出现过大量的物种，从化石中获得的只是这些物种的很少一部分信息。即使到今天，地球上的生命物种仍然非常丰富，据科学家们的粗略估计，仅在动物中就包括5000种哺乳动物、1万种鸟类、100万到3000万种昆虫③；已描述命名的动植物大约180万种（还不包括无性生物），而所有生物有300万至1000万种④。“寒武纪大爆发”的出现是生命内在支撑条件演化与外部环境变化共同作用的结果。从生命发展的内在基础看，经过30多亿年的演化，在生物体内出现了能够告诉身体各部分于什么时

---

① ［美］卡尔·齐默:《演化的故事：40亿年生命之旅》，上海人民出版社，2018，第100–103页。

② 张兴亮，舒德干:《寒武纪大爆发的因果关系》,《中国科学：地球科学》2014年第44卷第6期，第1155–1170页。

③ ［美］大卫·奎曼，约瑟夫·华莱士:《演化之旅》，四川美术出版社、后浪出版公司，2020，第25页。

④ ［美］恩斯特·迈尔:《进化是什么》，上海科学技术出版社，2009，第162页。

候、在什么部位生长的“开关基因”①，构成了基因突变和生物多样化的基础。从外部环境看，主要是氧气浓度的升高，火山爆发释放出的二氧化碳造成温室效应提高了大气温度②。按现代生物演化理论，基因会向着很多不同方向突变，而外部环境的变化影响对突变方向的选择，那些携带能够适应环境的突变基因的生物被保留下来，并将基因传递下去。环境变化越剧烈、多样性越丰富，就有可能出现越多的新物种。

尽管人类社会中承担生产活动的经济组织（比如企业）不是生命，但是表现出类似生命的演化特征。企业开展的新产品开发、组织变革、流程优化、商业模式创新等生产经营活动无疑是管理者、研发人员、基层员工等有意识决策和行为的结果，但是如果把企业看作一个黑箱，一个个企业从外部观察到的各种变化（性状）就可以看作是一种基因突变的反映。与生物演化类似，各个行业各个领域的企业会向着许多不同方向进行创新（即形成“突变”），那些能够适应市场竞争的“突变”被保留下来，相应的企业会发展壮大。成功企业的示范效应又会进一步吸引其他企业模仿复制，这种适应环境的基因及其外在表现的性状最终成为市场的主流。当市场环境变化剧烈且对不同产业领域、产业链环节的作用存在较大差异时，就会有大量变异产生的性状被保留下来，呈现出类似于“寒武纪大爆发”的“物种”爆发现象。在这里，物种可以被看作是在组织形态、生产组织方式、商业模式、价值链供应链结构等方面具有相同典型特征的一类企业的总和。

① ［美］彼得·沃德，乔·克什维克：《新生命史：生命起源和演化的革命性解读》，商务印书馆，2020，第 141 页。

② ［美］卡尔·齐默：《演化的故事：40 亿年生命之旅》，上海人民出版社，2018，第 100–103 页。

生产力是人类社会发展中最根本的决定性力量，而技术又是其中最活跃的因素。技术创新不仅释放出巨大的生产力，而且使人类社会的基本生产单位不断发生重大变革。在工业革命之前，典型的生产组织是手工工场；第一次工业革命中出现蒸汽动力驱动的机器，带来规模经济的显著提高，要求更多的工人聚集起来，通过更细化的分工合作进行生产，现代化的工厂随之出现；在第二次工业革命时期，电力随取随用的特点使得生产工厂在规模、位置上的配置更加灵活，流水线大规模生产模式成为可能；第三次工业革命时期以可编程逻辑控制器（PLC）为代表的电子信息技术在工业生产中的使用使企业的柔性化程度显著提高，精益生产、大规模定制等生产模式出现。实际上，在历次科技革命和产业变革时期，必然出现过大量的“基因突变”并涌现出多样化的组织形态、分工方式、商业模式等。就如同化石不可能保留所有生命的历史痕迹一样，论文、图书等纸质材料也不可能事无巨细地将所有这些变化都记录下来，政治家、企业家、工程师和学者们重视的是那些适应环境变化、具有更高生产率和创造更大经济效益的“物种”，通过分析这些新物种成功的原因、规律并加以推广，使之成为占统治地位的“物种”，由此推动经济更快地发展。这就造成我们回顾历史时，看到的主要是主流“物种”的形成演变史。

当我们放眼远处的高山、大海甚至星辰，只能看到宏观的轮廓，而留意身边，则能看到沙砾、小草、昆虫等更细微的结构。东坡诗云“不识庐山真面目，只缘身在此山中”。我们恰恰是因为置身于当前的科技革命和产业变革大潮中，才能在更小的颗粒度上观察到企业变革更丰富的细节。当前，新一轮科技革命和产业变革蓬勃发展，数字经济是其中最活跃的领域。“数字经济发展速度之快、辐射范围之广、影响程度之深前所未有，正在成为重组全球要素资源、重塑全球经济结构、改变全球竞争格局的关键力量。”[①]面对数字技术带来的颠覆性影响，企业积极求变，不断在产品架构、组织形态、商业模式、价值链供应链结构、生产流程等方面进行创新性探索，出现类似于“寒武纪大爆发”的新模式涌现现象。制造业作为国民经济中复杂程度高、产业链长、影响范围广的关键领域，同样出现新物种的爆发式涌现。

之所以在数字经济时代出现制造业物种爆发，可能有以下三方面原因。一是制造业本身就拥有丰富的“物种”。国家统计局发布的2017年国民经济行业分类将制造业划分为609个小类行业（四位数行业），每一个小类行业中的具体产品又可以看作一个细分行业。每个行业的上下游联系构成不同供应链价值链，这些供应链价值链又相互交织，构成复杂的网状联系结构。而且即使生产同一产品的企业，其生产设备、工艺、组织模式、商业模式、营销渠道等也不完全相同。二是数字技术成为企业“基因”的一部分。云计算、大数据、物联网、人工智能、区块链等数字技术具有典型的通用目的技术特征，迭代速度快、应用广、影响深，制造企业在推动数字化转型后，这些数字技术就融入企业生产经营的方方面面，制造业数实融合的范围包括了企业内部全领域、价值链全周期和供应链全生态[②]。数实融合不仅进一步丰富了制造业的物种形态，而且为物种的进一步变化创造了内在条件。三是数字经济带来的外部环境的巨大变化。数字经济带来经济社会的全方位变革，比如数据成为新的生产要素，万物的实时连接，交易成本显著下降，新市场需求的出现。为适应这些环境新变化、形成更强竞争力、实现更快的成长，企业从自身资源和能力、产业和市场特征等内

① 习近平：《不断做强做优做大我国数字经济》，《求是》2022年第2期，第4-8页。

② 李晓华：《制造业的数实融合：表现、机制与对策》，《改革与战略》2022年第38卷第5期，第42-54页。

外部条件和环境出发，从各个方面、各个环节、各个领域进行创新。企业的创新活动与产业的复杂性、“开关基因”的多样性相结合，形成了数字经济时代的“物种爆发”现象。

当前大多数科技革命对制造业影响的研究，或集中于用经济学方法研究数字技术或数字化转型对生产率、经济增长、绿色低碳等方面的影响，或专注于商业模式的变革。但事实上，数字技术不仅会激发商业模式的创新，也会改变企业的产品架构、组织形态、生产流程、产销关系等各个方面，使制造业出现丰富多样的形态。因此，《未来制造：数智化时代的制造新模式》一书所指的“模式”，不仅包括商业模式，而且包括制造企业能够被外部观察到的各个方面的典型性创新（即新“性状”）——当一种新性状出现了与既有性状显著不同的特征，则可以认为是一种新模式。本书研究的重点是制造业中出现的典型新型模式，这些模式是近年来创新形成的，还会不断有更新的模式被创造出来。

本书总结了在制造业已经出现并引起较大关注的新模式，包括反向定制（C2M 制造）、用户参与制造、社群化制造、设计师驱动的制造、订阅制造、柔性制造、软件定义制造、虚拟制造、云制造、人机融合制造、分布式制造、共享制造、厂外制造、产业链本地化制造、太空制造等 15 种。反向定制（C2M 制造）是依托互联网平台链接需求端与制造端，实现数智化时代以“消费者驱动”为核心的商业模式变革；用户参与制造是依托数字技术，用户深度参与新产品研发设计、生产制造、营销推广等环节，并形成各环节间高效反馈的制造新模式；社群化制造是社群成员（包括研发者、供应商和用户）深度参与到产品从设计、制造到交付使用的全过程中的一种制造模式；设计师驱动的制造是指独立设计师依托数字技术和数字平台实现设计产业化、打造自有品牌的制造模式；订阅制造是在数字技术和数字基础设施的支撑下，制造企业和用户之间签订长期业务合作的契约，用户按期付费，制造企业持续向用户提供具有特定功能和价值的产品，或将产品所能实现的功能以服务形式提供给用户的制造模式；柔性制造是制造企业的生产线可以经济性地实现小批量、多品类产品生产的制造模式；软件定义制造是指工业软件描述、集成、模拟、加速、放大、优化、创新传统生产制造的过程，让软件成为机器的大脑和灵魂，工业数据可以控制生产过程，使得智能制造模式逐渐成为现实；虚拟制造是基于工业知识与计算机仿真、建模等信息技术，数字化模拟产品结构、制造和装配过程以及检验检测过程并实现快速升级迭代的生产模式；云制造可以将各类制造资源和制造能力虚拟化、服务化，并进行统一、集中的智能化管理和经营，实现智能化、多方共赢、普适化和高效的共享和协同，通过网络为制造业全生命周期提供可随时获取、按需使用、安全可靠、优质廉价的服务；人机融合制造是指人与机器在制造现场同空间、同时间、同语言进行作业，机器具备纠错和学习能力，不仅能够准确理解人类语言和肢体动作，还能够与人类同步思考，实现自我进化和升级；分布式制造是通过信息技术协调地理位置分散、具有不同生产规模和能力、使用不同应用工具平台的多个生产者与个人用户，建立面向最终产品开发和制造的合作关系，使用分散资源实现特定产品的小规模生产；共享制造又称制造共享或者制造资源共享，是共享经济模式在生产制造领域的应用创新，是围绕生产制造各环节，运用共享理念将分散、闲置的生产资源集聚起来，弹性匹配、动态共享给需求方的新型制造模式；厂外制造是指大规模生产的产品在出厂交付后，由消费者进一步完成组装、加工或由其他第三方生产企业进行个性化定制改装的制造模式；产业链本地化制造是跨国公司为了控制运营成本、提高供应链韧性、更好地服务当地市场，在目标国家推行本地生产与本地销售，将研发、供应、生产、物流、营销、服务、管理等价值链各环节全方位融入当地的制造模式；太空制造，是指在地球外层空间制造实体材料和工业产品的活动，包括空间在轨增材制造与空间原位制造两种模式。

除了少数模式外，数字经济是催生这些新制造模式的主要因素。当然，处于激烈市场竞争中的企业，其创新活动并不会拘泥于某一具体的模式，而是要充分吸收那些最有利于自身发展的特征。正如生物保留下来的性状可能是多个不同方向基因突变的结果，这些制造新模式同样存在不同程度的交叉。从学术研究的角度，我们尽可能根据每一种具体模式区别于其他模式的显著特征，对这些新模式进行归类和研究。需要指出的是，本书没有选择智能制造、服务型制造等制造业发展的典型趋势或模式，主要有以下三方面的考虑：一是智能制造、服务型制造国内外已有较多的研究；二是智能制造更像是一种数字化变革下制造业新形态的总称，本书中大多数受数字化驱动形成的制造新模式都与智能制造密切相关，或者是需要依托智能制造实现，或者是智能制造某一方面特点的反映；三是服务型制造本身就包含着许多种不同的模式，例如，工业与信息化部等部门在2016年发布的《发展服务型制造专项行动指南》与2020年发布的《关于进一步促进服务型制造发展的指导意见》就提到众包设计、用户参与设计、云设计、协同设计、定制化服务、供应链管理、共享制造、网络化协同制造、全生命周期管理、系统解决方案、总集成总承包、检验检测认证服务等十余种模式，这一本小书的容量无法容纳这么多的模式。本书尽可能撷取那些新出现的制造模式，虽然这些新模式并不成熟，未来的发展方向也难以预测，但这既是对新现象的一个总结，也希望能够给正在推动这些新模式的企业提供一个学术界的观察视角。

本书只是在当下时点的管中窥豹，对制造新模式的分析肯定会挂一漏万。更重要的是，数字经济仍处于高速增长阶段，数字经济与实体经济的融合还是进行时。目前，具有颠覆性影响力、渗透力的数字技术仍然持续出现，如人工智能中的大模型、元宇宙及Web3.0相关技术。正如“寒武纪大爆发”持续了两千多万年，数字经济时代制造业“新物种”的爆发也将继续。数字新技术的成熟、扩散和应用，将会推动制造新模式的进一步创新，更多的制造新模式将会涌现。

李晓华

2024年5月

目　录

第一章

反向定制（C2M 制造）

反向定制（Customer-to-Manufacturer，缩写为C2M）制造是依托互联网平台链接需求端与制造端，实现数智化时代以“消费者驱动”为核心的商业模式变革。

伴随着人口红利的逐渐消失，中国制造的成本快速上升，加上金融危机、疫情等各种原因导致的国际贸易波动，使得广大依靠外贸代工的中小制造企业面临着越来越严峻的经营环境。值得庆幸的是，经过改革开放四十多年的发展，中国已经拥有了全球领先的制造能力、最为完备的制造体系和供应链体系、强大的消费能力和强劲的消费升级需求，加上国内移动互联网、移动支付和物流体系的高速发展，给中国制造企业创造了一个全新的发展空间——用优秀的制造能力直接服务中国用户。

反向定制打通了消费端（C 端）和供给端（M 端），以用户的需求驱动生产，颠覆了“以销定产”的传统模式，不仅能够更加精准地满足用户的消费需求，还能赋能制造商更快迭代商品，催生、引领新需求，开拓新市场；不仅能够推动制造企业实现数字化转型，还能促进供应链协同和生产效率的提升；不仅能够更好地发挥数据作为新生产要素对生产力的促进作用，还能实现产销直接对接，让消费者购买到更具性价比的高品质产品，为中国制造转型升级提供了新机遇。2022 年 1 月，国务院办公厅在《关于促进内外贸一体化发展的意见》中提出，支持反向定制（C2M 制造）、智能工厂等创新发展，增强企业柔性生产和市场需求适配能力。同月，工业和信息化部发布的《关于加快现代轻工产业体系建设的指导意见（征求意见稿）》也明确提出，鼓励发展 C2M、B2M（Business-to-Manufacturer）等新型商业模式；利用大数据分析挖掘消费者个性需求，实现工业互联网与消费互联网融合对接，推动传统制造模式向需求驱动、供应链协同的新模式转型。同年 4 月，国务院办公厅在颁布的《关于进一步释放消费潜力促进消费持续恢复的意见》中再次强调，鼓励发展反向定制（C2M 制造）和个性化设计、柔性化生产。

国家政策的催化、消费升级的需求与大数据、云计算、人工智能等新一代信息技术，以及模块化制造技术的进步，推动我国消费品制造企业加快从“工业时代生产者驱动”的刚性化的大批量生产模式向“数智化时代消费者驱动”的柔性化的 C2M 模式转变。

一、以消费者为中心的“定向化生产”

自 19 世纪中期以来，制造业的生产模式大致经历了手工作坊式生产、大批量生产、精益生产以及大规模定制生产的演进过程。手工作坊式生产虽然是依据顾客的需求进行定制，但由于存在生产效率低下、产品交货慢、价格高、品质不稳定等缺陷在 20 世纪初逐渐被大批量、标准化生产方式所取代。到 20 世纪中后期，随着技术进步、劳动生产率的提高、产品供给的不断丰富，消费者的需求发生了巨大的变化，多样化和个性化的特征愈发明显，产品生命周期进一步缩短，市场不确定性增大，生产者驱动的大批量生产方式由于产品品种单一，而且无法准确、快速探知市场动向和需求变化，不可避免会造成一定程度的产能过剩和产销脱节，逐渐被多品种、高效率、更关注成本和质量的精益生产方式所取代，并朝着满足用户个性化需求的定制化方向演进。

（一）反向定制的内涵

所谓反向定制，是指消费端（C 端）通过网络平台直连供给端（M 端），其核心内涵是以消费者为中心的“定制化生产”，即通过互联网将用户与制造商紧密连接在一起，运用高效的网络系统进行数据交换，按照用户的订单优化供应链，精准匹配生产排单，以更低成本生产出适销对路的定制化产品。

C2M 模式是对工业时代生产者主导的“M2C”产销路径的颠覆，

与 B2C、B2B 等商业模式的主要区别在于，是消费者驱动的生产制造，即以消费需求为起点，利用网络平台链接用户，通过用户需求与制造端的无缝对接，实现了以精准营销与敏捷交付为核心的商业模式变革，成功解决了 C 端和 M 端不匹配的痛点。从消费端（C 端）看，随着消费升级和消费理念的变化，消费者更加追求个性化、品质化的生活。从制造端看，制造企业可以根据对消费大数据、生产订单的分析挖掘，洞察、预测市场需求变化趋势，及时调整生产计划，不仅能更好地满足消费者个性化与高品质的需求，消费者还可以依托网络平台直接参与产品和服务的设计，获得更好的消费体验。而且，C2M 模式去掉了中间流通环节，打造了一条基于互联网技术和思维的柔性供应链，有着信息传递及时、供应链条短、信息相对对称、库存压力小的优点，解决了企业低成本、高利润与消费者低价格、个性化、高品质需求之间的矛盾，实现了生产商和消费者的双赢（见图 1–1）。

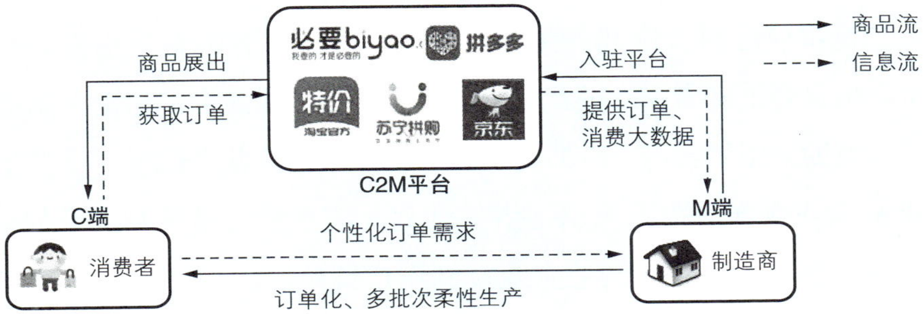

图 1–1　C2M 产销链路

资料来源：上海申银万国证券研究所有限公司。

（二）C2M 的特点

与工业时代生产者主导的大规模制造模式相比，C2M 模式具有如下特点（见表 1–1）。

表 1-1 大批量生产模式与 C2M 模式的比较

	大批量生产模式	C2M
生产逻辑	产品驱动，以产定销	需求驱动，以销定产
生产模式	大批量、刚性、同质化	小批量、柔性化、个性化
供应链	根据历史数据备货、库存积压风险高	高效协同、库存压力小
销售渠道	中间环节多	C 端与 M 端直接对接
市场响应速度	较慢	快捷
客户黏性	低	高

资料来源：作者根据相关资料整理。

一是消费驱动。不同于产品驱动型的传统制造模式，C2M 模式的生产逻辑是需求驱动生产，制造商根据订单数量、产品销售情况来安排生产计划，即由传统的大批量制造模式下的“厂家生产什么消费者就被动买什么”转变为“消费者需要什么厂家就生产什么”。制造企业的研发设计、生产制造、供应链管理、营销服务和组织管理等都紧紧围绕用户需求展开。

二是供应链高效协同。在 C2M 模式下，要求制造企业在较短时间内生产出符合消费者需求的产品，这离不开上游供应商的协助。制造企业需要借助网络平台与上游原材料、零部件供应商共享信息，使供应商快速响应并根据消费需求制定供货计划，实现供应链的数字化协同。

三是生产柔性化。制造企业接到用户订单后，将用户偏好、需求数量等数据解构成不同生产模块，依托柔性化、模块化、可重构的制造设备或生产系统，通过生产流程优化，满足高频次、多品类、小批量柔性生产的要求，以“普适”来最大限度地实现企业生产制造过程中的“特殊”性，最终将各部件组装成个性化定制产品。

四是缩短产销链路。在传统的产销模式下，一个产品从工厂生产到用户手中，要经过品牌商、经销商、批发商、零售商及第三方物流等环节，而 C2M 电商模式产销链条主要参与方只有用户、网络平台、制造商与第三方物流，去掉了原本需要消费者承担的中间流通环节的层层加价和品牌溢价等（见图 1–2），缩短了产销链路。

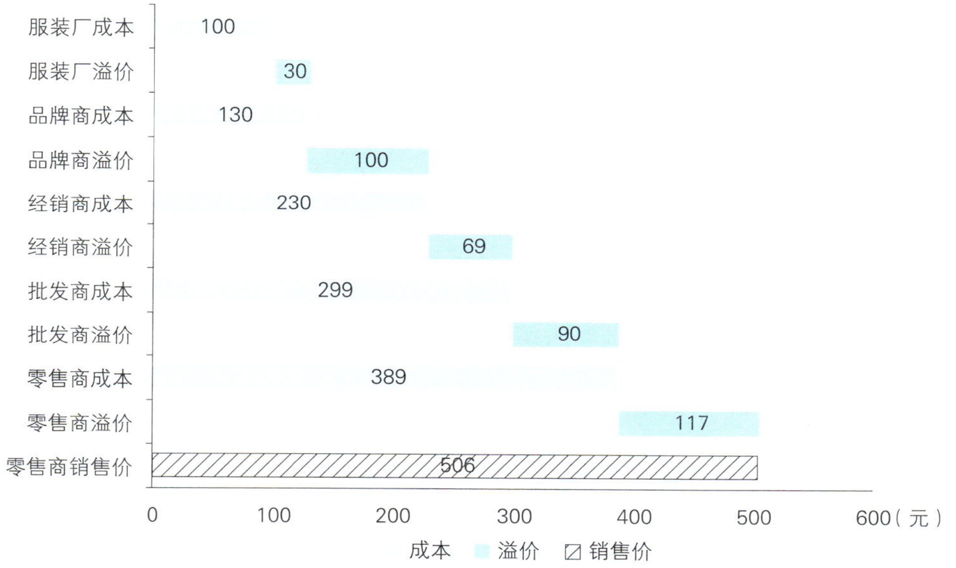

图 1–2　传统模式下 C 端消费者需要承担中间环节的层层加价（以服装行业为例）

资料来源：中国国际金融股份有限公司。

二、反向定制的主要运作模式

创建于 1984 年的戴尔是世界上最早开展大规模定制的企业之一。它通过对计算机零部件进行标准化制作，根据消费者的订单来进行装配销售。戴尔从采用这种“订购 + 直销”商业模式以来，年销售额从最开始的十几万美元，迅速翻倍成了千亿美元。在 20 世纪 90 年代末一度成为美国高科技企业的“领头羊”，众多企业开始纷纷借鉴效仿。

然而在当时，实现大规模定制还面临诸多技术经济方面的约束：一是由于当时的互联网尚没有实现大规模的应用，使得企业难以快速、准确、及时地获得用户个性化需求信息；二是当时的自动化生产制造系统，没有网络化支撑，难以达到定制化所需要的高度柔性要求，而且缺乏能够从订单快速分解到完成物料采购的智慧供应链系统；三是当时的技术条件不具备针对个性化需求快速设计产品、核算成本并制定价格的能力。因此，尽管大规模定制在 20 世纪 90 年代引起广泛的关注，但是无法真正实现满足众多差异化需求的低成本批量生产。生产者只能寻求标准化生产和非标准化生产的适当组合，并通过“事前”尽可能提供多样化产品的手段来“事后”试错消费者偏好①。

近年来，随着新一代信息技术的突破和智能制造的发展，为制造商与用户的直接连接、满足用户个性化的需求提供了技术经济的可行性。C2M 模式由于既能精准掌握用户需求，又能赋能制造商快速迭代商品，并能有效解决商品积压等难题，成为拉动线上消费的“新引擎”，越来越多的平台和制造企业着手布局 C2M，目前，主要有两种运作模式。

一是订单驱动的 C2M。以必要商城为代表，电商平台的作用主要是连接工厂与消费者，工厂作为品牌方入驻平台，提供标准化的产品菜单，用户需求直接连到生产端，实行用户先下单，工厂再生产的模式。这种形式的优点是可以有效减少商品库存量、降低仓储成本。但是，这种方式是通过延迟策略实现个性化定制需求，预售时间长短不一，短则 2~3 天，长则半个月。而对于消费者而言，许多个人需求可能是即兴的，经过一段时间后，消费者对产品的喜爱程度可能会下降，

---

① 吴义爽，盛亚，蔡宁：《基于互联网 + 的大规模智能定制研究——青岛红领服饰与佛山维尚家具案例》，《中国工业经济》2016 年第 4 期，第 127–143 页。

交货周期长可能会给消费者带来不好的消费体验。

二是消费数据驱动的 C2M。主要是由大型综合电商平台主导的。电商平台凭借积累的大量用户和海量消费数据、雄厚的资本实力、强大的市场、行业和消费洞察能力积极布局 C2M，携手制造工厂，由消费者差异化需求驱动，开发适应市场需求的创新性产品，在为消费者持续带来更优体验的同时，帮助制造企业更精准匹配供需，降本增效。目前，消费数据驱动的 C2M 在推动制造企业，特别是消费品领域中小企业数字化转型升级中发挥着越来越重要的作用。国内各大电商平台根据自己的布局、特色和优势，形成了不同的运行模式。

三、必要商城的 C2M 实践

2015 年上线的必要商城（biyao.com 和必要 App），目标用户为中高端白领群体。必要商城采用 C2M 模式实现从消费终端到工厂的两点直线连接，核心是用户驱动生产，即根据用户需求定制产品和价格，消除中间流通环节，降低库存成本，为用户提供大牌品质、工厂价格。经营范围包括眼镜、服装配饰、鞋靴、户外运动、箱包、个人护理、家居生活、家纺等商品。凭借新锐的创新模式，必要商城荣获电商领域“奥斯卡”——艾奇奖，快公司创意人物和创意公司大奖，年度消费者口碑奖等多项荣誉。

必要商城上线第一年，就与阿玛尼、依视路等 31 家全球著名品牌的制造商合作推出 498 款产品，吸引了 180 多万用户，月活跃用户超过 50 万，销售额突破 1 亿元，2016 年底必要商城开始盈利，2017 年用户量突破 1000 万，2019 年高忠诚度客户数量达到 500 万人。除了获得大量用户青睐外，必要商城的未来发展也被众多投资者看好，从 2015 年获得顺丰控股的 A 轮融资，到目前顺丰控股通过 2 家子公司合计持股约 28.1%，成为必要商城第二大股东，也是其唯一物流服务商[①]。

（一）必要商城的运作模式

必要商城制定了一套严格的企业入驻、产品上架与下架的标准。制造企业只有满足包括国际大牌的生产制造背景、具有独立产品开发设计能力、接受必要商城的成本定价原则、拥有支持个性化订单的柔性供应链在内的 59 条标准，且获得用户盲测和产品委员会各 80% 以上投票通过后，才能入驻商城。而产品上线后一个月如果出现了因质量问题退货率超过 5%、差评率超过 1% 等 20 多条下线标准，平台就会对产品或者入驻企业启动下架程序（见图 1–3）。目前，必要商城上聚集了国内各行业顶尖的制造商资源，如为迪奥、纪梵希、兰蔻等美妆品牌代工的制造商；为阿玛尼、博柏利、卡尔文 · 克雷恩（CK）等世界著名服装品牌代工的厂商等，此外，还与依视路集团、吉利集团等公司直接合作，推出新产品。

制造企业以自主品牌的身份入驻必要商城后，必要团队不仅能够将平台上用户行为数据翻译成商品数据为企业赋能，还可以帮助企业进行柔性生产链改造，提供配套服务，最终共同推出满足消费者需求的产品。在必要商城网站或 App 页面，一个品类下的商品平台会根据用户偏好和商品好评率进行排序展示，每件商品都会标注其出自的大牌制造商，部分商品（如眼镜、咖啡等）提供用户个性化定制选项。用户进入必要商城挑选下单后订单会立即反馈到制造端，接着工厂

① 《C2M 电商平台必要商城冲击 A 股 顺丰为第二大股东》，新浪财经，2021 年 1 月 9 日。

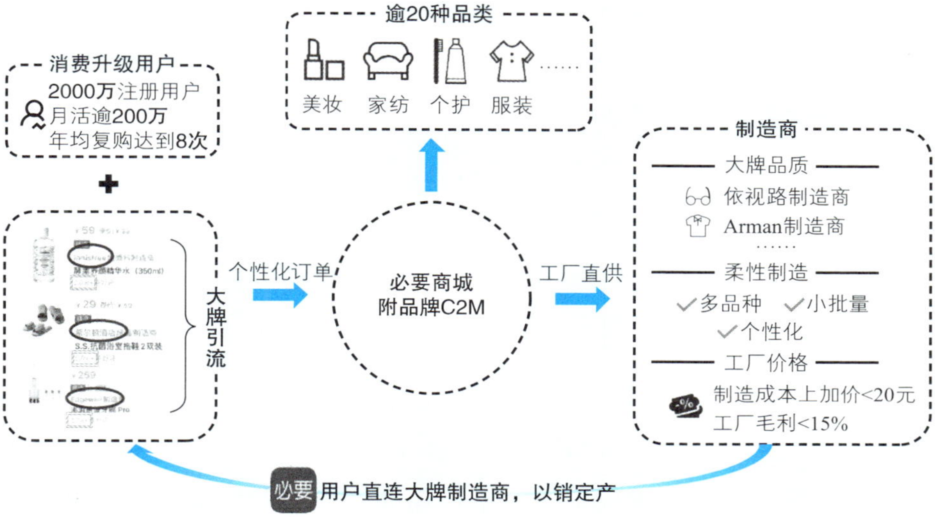

图 1-3　必要商城 C2M 模式

资料来源：必要 App，上海申银万国证券研究所有限公司。

根据订单生产产品，再通过顺丰物流配送给消费者，没有任何库存积压。

必要商城以中高端白领为目标客户，迅速获得了一批忠诚用户，他们既追求个性与品质，又因为日益增长的城市生活压力而在意产品价格，为此必要商城除了严格的招商标准外，还独创了“BOM”（Bill of Materials）定价原则，即所有产品最终价格等于出厂价（包含企业毛利）+ 物流费用 + 平台销售佣金（2%~15%）[①]，确保消费者能够以工厂价格获得大牌品质。必要商城上迪奥同原料制造商生产的唇膏新手购买价仅需 44 元，不足正品迪奥唇膏官方售价的 1/7；阿玛尼制造商生产的男士 T 恤售价在 85~588 元之间，而相同品质的阿玛尼男士 T 恤市场价在 1000 元以上。但相比代加工企业处于“微笑曲线”的最底端，

① 姜蓉：《C2M：未来商业新革命》，北京联合出版公司，2021，第 189 页。

C2M 模式下没有渠道加价和库存风险，制造企业在必要商城做自己的产品，反而利润率是上升的。

以眼镜为例，必要商城与依视路集团旗下镜片制造商——江苏视悦光学有限公司合作推出必然眼镜，消费者登录必要商城选择镜框和镜腿、眼镜度数、镜片以及其他个性化内容进行下单，制造端 ERP 系统在接收订单后，根据订单信息对镜片定制数据进行核对和标注，数字化系统根据整合信息进行工序拆分，然后生产线接收已经生产好的镜片，机器按定制数据自动磨制镜片，再与不同的镜腿、镜框进行组装，确认无误后打包，由顺丰物流直接配送到用户手里，每副眼镜全流程信息有单独的二维码记录，生产周期 3 天左右。企业无须再针对不同度数、瞳距等参数的各品种镜片大量备货，消除所有中间环节后，根据“BOM”定价原则，一副眼镜的价格在 150~350 元，远低于平常眼镜 30~50 倍定价倍率的价格。

（二）必要商城的技术条件

目前，必要团队中约 3/4 员工为技术人员，在全球有 8 个在线实时计算的 3D 引擎专利，自主研发了实现消费者和制造企业线上直连的 C2M 互联网平台，分别搭建了适应各种流量场景的“SaaS”操作系统（鸿源系统），驱动传统制造企业从思维模式、生产组织形态到内部管理制度全方位变革，协助其对生产线和供应链进行数字化、智能化、柔性化升级。必要商城与用户实时交互，并实时反馈给制造企业，从而在用户先下单、工厂后生产的模式下，制造端能够通过小批量多批次多品类的快速供应链灵活应对。

在产品端，必要商城建立了高端制造业筛选系统、产品数据分析系统和生命周期管理系统。其中，高端制造业筛选系统严格执行从入驻资格审核、实地验厂考察，到前置服务培训、产品委员会审核商品的全部流程，以保障平台上线商品的品质；产品数据分析系统实现单品类全网销售数据抓取及流行趋势分析、预测、产品定价的数据化指导；生命周期管理系统能够对平台销售商品进行全流程跟踪，实时反馈用户累计评价，动态指导产品迭代升级，并对产品质量做出严格要求。

在用户端，必要商城重视用户交互。其人体数据获取系统通过 AI 与 3D 渲染技术结合，建模获取用户体征信息，并通过移动端 3D 引擎技术，使用户能够在 App 内实时查看产品设计，实现“所见即所得”；在用户服务方面，错峰客服系统与物流系统同时在线能够使得消费者的体验得到保障。

在生产端，为制造商打造了直连工厂 ERP 系统、可售商品计算系统和分级库存系统。其中，直连工厂 ERP 系统能够将用户订单及定制化要求直接传输至厂商；可售商品计算系统能够助力厂商实现动态原材料库存管理，精准库存；分级库存系统则帮助厂商对不同生产周期及原材料库存进行梯度设定，在数据驱动下，对采购周期进行优化[①]。

（三）必要商城模式评价

目前必要商城 C2M 模式的发展并不如行业预期。首先，必要商城并没有完全做到个性化定制，仅有眼镜、咖啡等少数品类提供几项简单实用可定制内容，这主要是权衡用户留存后，必要商城的核心卖点为大牌品质和工厂价格，而不是真正意义的定制。其次，由于直接对接优质制造企业，产品上架要求严格，必要商城内商品品类较少，多为基础款商品，且制造企业和必要商城均尚未形成属于自己的品

① 中金公司：《C2M：数字经济时代，下个十年的制造新业态》. 中金公司研究部，2020 年。

牌，多数消费者更习惯于传统电商模式。最后，在用户先下单工厂再生产模式下，从用户下单到收到产品往往需要 10~30 天，较长的交货周期会降低用户的购物体验，从而会损失大部分对时效性要求高的订单。

必要商城一直在探索更多的可能。2015 年必要商城将 AR 技术应用到线上购物中，将虚拟购物环境现实化，如消费者购买眼镜时可以在线测光、模拟试戴，更真实地感受商品的细节。除正常产品外，必要商城还曾与吉利集团合作推出定制款熊猫汽车，用户可以选择车身颜色、操控台、内饰及座椅等，售价仅为 3.69 万元；携手远大住工推出 Bhouse 别墅产品，在用户提供土地并选择款式后，必要团队采用高度工业化生产方式可实现 30 天精装交付。在制造端，必要团队凭借先进的数字化操作系统和柔性供应链改造能力，帮助了 1/3 国内顶尖的供应链制造商升级现有产线，重新设计工序，并培训适应新生产模式的工人。

总的来说，必要商城作为最典型的 C2M 模式平台之一，拥有行业内最先进的运作经验和成熟的支撑技术，严格的招商标准、先下单再生产的模式和“BOM”定价原则保证了其既有大牌品质，又有工厂价格的核心竞争力，但目前仍存在着无法完全实现个性化定制、可供选择产品有限、品牌效应弱、交货周期长等问题。面对行业内众多的竞争者，必要商城未来要想进一步发展，需要考虑如何整合自身的优质资源，利用自身的技术与服务能力，激活制造企业的自主生产与品牌运营能力，真正满足消费者对个性化高性价比产品的极致追求。

四、未来展望

随着居民收入水平的不断提高以及“Z 世代”（1995 年之后出生的

人群）成长为消费主体，追求品质、崇尚个性的消费升级趋势愈发明显。由于契合消费者需求，并具有品质高、价格优等特点，C2M 消费者群体快速增长，C2M 模式成为众多电商平台竞相追逐的对象。

对于供给端来说，移动互联网、物联网、大数据、云计算、人工智能、数字孪生、区块链等数字技术的成熟和广泛应用，推动打通制造者和消费者、供给端和需求端的数据堵点，实现 M 端、B 端与 C 端入口之间各级软件系统互联互通，利用积累的海量数据和技术反推产品设计、产能投放、产品流通等各个环节，实现“以销定产”“按需生产”，降低制造企业的试错成本，大幅缩短新品研发周期，提高新品的存活率，降低周转成本和库存风险，提升新品开发能力，带来新的销售增长渠道，从而实现厂家、消费者与平台的共赢。此外，制造企业还可以通过数字化生产、运营管理模式变革和快捷组织的搭建，以更透明、更高效协同的供应链以及更灵活、更动态的人员组织形态为柔性制造的实现提供支撑。

当前，我国 C2M 仍处于探索阶段。未来，随着工业互联网的发展和企业数智化转型，我国 C2M 的主导者不仅是拥有海量用户信息的电商平台，具备柔性制造能力的工业互联网平台，如海尔 COSMOPlat 平台等，聚焦垂直领域的龙头制造企业，如酷特智能、尚品宅配等，都有可能成为 C2M 模式的主导者。它们既有足够的流量和口碑，又拥有生产环节的掌控权，从而有利于推出更优质和丰富的产品来更好地满足用户需求。此外，从消费端来看，随着消费观念的成熟、理性，市场消费将进入“去品牌化”阶段，也将会为 C2M 带来更加广阔的市场空间。

第二章 用户参与制造

用户参与制造是依托数字技术，用户深度参与新产品研发设计、生产制造、营销推广等环节，并形成各环节间高效反馈的一种制造新模式。

近年来，快时尚跨境 B2C 电商企业 SHEIN（中文“希音”）受到各界关注，成为服装行业与跨境电商领域的明星企业。希音主要深耕女装行业，平台产品质优价廉、款式多、上新速度快，特别为全球女性消费者所喜爱。希音连续保持营收高速增长，受到风险投资机构的青睐，市场估值最高时达到千亿美元，在全球“独角兽”榜单中的排名不断上升。

2008 年，许仰天在南京成立公司，开启了后来被称为希音的早期创业之路。公司主要业务是向海外出售各种商品，通过在国外知名社交媒体如 Instagram、TikTok 和 Facebook 等平台投放广告，成功打入海外市场。公司小有成就，立刻引来国内厂商的争相模仿。2015 年，公司英文名称从“Sheinside”正式升级为自主品牌“SHEIN”，聚焦快时尚产品中的女装领域，围绕年轻消费群体进行品类扩展，涵盖服装配饰、鞋包、家具用品、美妆等门类。为了自有供应链的建设和更好地服务全球市场，公司总部从南京迁移到广州。2012 年至今，希音公司先后在法国、俄罗斯、德国等众多国家建立独立电商网站和供应链中心，并不断完善供应链体系。注册用户数量、年销售额、App 下载量等指标迎来爆发式增长。在快时尚服装行业，希音的营收数据接近服装霸主 ZARA。在 2021 年的 BrandZ 中国出海品牌 50 强中，排名第 11 位，是中国出海品牌最成功的典型代表之一。当传统电商巨头在国内市场“浴血厮杀”的时候，希音早已瞄准海外市场的巨大蓝海，并迅速跑马圈地，利用先发优势，占尽红利，打开市场。作为中国最大的快时尚跨境电商平台，希音公司取得如此之大的成功，很大程度上得益于用户参与制造模式。

一、与消费者积极互动为主的“参与式生产”

（一）概念界定

早期研究局限于行为视角，认为用户参与仅是反馈自己的想法和创意，目的不过是满足个体的使用需求，没有引起企业关注，更没有对企业生产经营活动产生实际影响。这时用户参与是用户为使自身利益得到部分满足，从而对企业的产品或服务提出意见或建议的行为。随着经济发展和科技进步，企业开始重视用户参与，主动与消费者互动，了解顾客需求，鼓励用户带着设计理念与企业共同开发新产品，并对新产品进行优先评测。企业主动与用户的互动丰富了用户参与内涵，即拥有市场需求信息的消费者与拥有技术信息的企业进行有效匹配的过程，其实质是供给与需求的融合、市场与技术的融合①。进入数字经济时代，用户参与制造新模式中的用户角色更加积极，消费者对企业的产品开发、生产制造、营销等环节的贡献越来越多，不仅成为企业价值的创造者，而且会在这个过程中增加对公司产品的情感依恋，提高对品牌的忠诚度。用户参与制造是一种双赢的新模式，企业引导用户参与，与消费者持续互动，消费者为了自身物质和情感需求也愿意参与企业生产制造过程。如此，企业生产出的产品更能迎合用户和市场，消费者更容易得到符合自身需求的产品，企业和用户实现了各自的目标和利益。

综上所述，用户参与制造模式是制造业企业为追求利润最大化，主动改变与用户的传统角色定位，重新合理配置资源，利用互联

① 谢俊楠：《基于阶段划分的用户参与对企业创新能力的影响机理研究》，安徽工业大学，2020年硕士学位论文。

网、大数据、云计算等数字技术，在新产品研发设计、生产制造、营销等各环节与消费者充分沟通和协作，重视反馈循环，生产制造出用户满意、企业盈利的高质量产品，达到企业和用户双赢的一种制造新模式。

（二）主要特点

开展数字化营销，引导用户参与。制造业企业主动将用户视为利益相关者和价值创造者，借助互联网平台，利用大数据和云计算等技术开展数字化营销活动，引导用户参与制造。企业发展早期，借助大型互联网平台，综合细分市场、产品定位、成本等因素投放产品广告，利用图片、语音、视频等方式，全方位展示产品的外观、价格和性能等内容。当企业发展到一定程度，利用注册奖励、推广减免、优惠券等方式引导公共平台的粉丝转移到自建平台，完善数字化营销内容与方式，引导用户继续参与营销环节，并逐渐积累忠诚用户，沉淀海量用户数据。制造业企业利用私域海量数据进一步开展精准的数字化营销，用户的数量和数据将进一步增加，如此往复。

利用数据驱动制造，追求极致效率。用户参与制造模式中的制造业企业借助互联网技术，收集、整理和智能分析整个供应链上的数据，对目标客户进行精准画像，利用算法捕捉消费趋势、用户偏好，通过数据和算法驱动产品研发设计、试用品生产。通过试用带货、拥抱流量等方式推广新产品，迅速获取大量终端用户反馈。一切以用户数据说话，企业对于反响好的产品迅速采购原材料，分配产能，推向市场，而对反响平平的产品快速迭代或者淘汰下架。在整个过程中，用户数据分析中心直连工厂，工厂产品直接通过企业平台出售给消费者，省略大部分中间环节，追求极致效率。该模式不仅实现了效率最大化，而且使产品更具成本优势，更能迎合消费者需求。

培育目标群体的忠诚度，增加用户黏性。在用户参与制造模式中，消费者更容易识别产品中潜在的服务，目标群体的忠诚度逐渐得以培养。用户购买和使用后，产生用户体验，企业引导消费者积极反馈。当用户主观感受与自己设想的需求相一致时，企业的销售目的得以实现，企业的价值凸显。若主观判断和实物不符，未能满足需求，甚至存在较大分歧，则会进入新一轮的用户参与过程，直至消费者满意，企业的生产经营活动才会结束。中间不满意的反馈为后续改进生产服务质量提供重要依据，无形之中增加了用户黏性。

二、用户参与制造的发展现状

（一）国内发展现状

近年来，中国数字经济蓬勃发展，尤其是抖音、快手等短视频平台不断成长，为用户参与制造模式提供了平台和技术支撑。首先，制造业企业借助短视频平台里的网红推广，结合浏览量、点赞量、转发量、评论量，系统分析消费者性别、年龄等相关数据，预测未来流行趋势、大众消费者偏好和可能的“爆款”产品。然后，企业主动通过免费或打折的形式将预测的爆款产品小范围测试，收集用户反馈数据，以此决定是否改进或者大批量生产。最后，中国强大的制造能力和供应链响应能力为企业生产大批量爆款产品提供了坚实基础，有效缩短了生产和流通周期。消费者获得了良好的购物体验，也更愿意参与这种模式。从预测到最终完成消费，用户参与制造模式充分利用中国互联网平台数据和技术等优势，不断引导用户参与、反馈产生新的数据，如此往复，提供更加精准的产品或服务，实现了企业利润最大化，逐渐得到更多制造业企业青睐。

现阶段，用户参与制造模式发展迅猛，服装、家居、家电等领域已开启用户参与制造模式。采用用户参与制造模式的企业有很多，典型代表有海尔股份有限公司、小米科技有限责任公司、青岛红领服饰股份有限公司、佛山维尚家具制造有限公司、报喜鸟控股股份有限公司、美克国际家居用品股份有限公司等。展开来说，海尔股份有限公司的产出品首先进行模块化设计，然后让用户主动提出需求，按照订单要求进行每个模块的组合设计，接着调配、重组，最终完成用户要求的产品。小米在手机制造过程中，尽可能满足社群所提出的要求，制造小批量产品，优先让粉丝体验，继续改进，然后大批量投放市场。青岛红领等公司纷纷采用用户参与制造模式，同样取得巨大成功。

目前，没有专门针对用户参与制造模式的支持政策。但部分政策文件包含鼓励用户参与制造模式的内容，如2017年国务院印发《关于深化“互联网＋先进制造业”发展工业互联网的指导意见》，提到智能化生产等模式的要义是通过数据应用与智能连接，提升生产效率和质量，创造精准供给。“十四五”规划纲要明确提出要发展服务型制造新模式。

（二）国外发展现状

国外的用户参与制造模式发展较早，已经比较成熟地在多个国家实践。比如在早期的北欧和北美等地，工业制造领域采取用户参与制造模式，倡导将用户更深入地融合到生产制造过程中，培养用户的主人翁意识，激发并调动他们的积极性和主动性。传统移动通信产品制造商，如摩托罗拉等，以及IDEO（大卫·凯利设计公司）、FrogDesign（青蛙设计公司）等为代表的第三方设计公司，采用用户参与制造模式，在其所属细分领域做到了全球知名。德国是制造业强国，早已熟练应用用户参与制造模式，如创建于1710年的梅森瓷器工厂，引导用户参观瓷器博物馆和艺术家工作室，对各类展品和生产流程进行观摩，参观后可以提出自己的要求并购买瓷器。奔驰汽车公司主动引导用户参观奔驰博物馆，允许用户穿上工作服亲自参与制造，比如拧几个螺丝钉，手工制造后可以直接预订购买。日本很多企业重视用户参与，如著名的甜食企业格力高，允许用户参观生产线，免费品尝工厂制作的点心，体验冰激凌制作过程，结束后可以根据需求选购产品。随着互联网大潮席卷全球，用户参与制造模式在信息技术领域迅速扩展，比如软件和科技公司广泛以顾客为中心，重视用户反馈，引导用户参与研发、设计、制造，这些公司的 CEO 同样坚定贯彻这一价值观，执行到日常生产经营活动中，典型的企业有谷歌、苹果、亚马逊和 Netflix（美国奈飞公司）等科技公司。其中，脸书公司运用在线社交软件，搜集并出售用户的数字画像，提供精准的内容服务。当前，智能手机的普及使得用户参与制造模式更为企业所熟知和采用。比如，随着 TikTok 在全球的快速发展，英国和印度尼西亚等国的许多企业利用 TikTok 平台，开设小店，借助短视频平台的流量渠道，引导用户参与营销推广。

目前，尚未发现国外单独制定详细政策文件鼓励支持用户参与制造模式，但部分法规涉及用户参与制造模式的内容。比如，2002 年，美国国家自然科学基金资助 ESS（exploratory research on engineering the service sectors）项目，将制造业服务化。2018 年美国再次发布《美国先进制造业领导战略》，涉及数据智能驱动制造等内容。欧盟提出“高附加值欧洲制造、知识为基础的工厂”概念，主动满足用户需求。

三、希音（SHEIN）的用户参与制造实践

（一）发展动因

中国加入世界贸易组织后，承接了许多西方国家，尤其是美国

转移的劳动密集型产业，广东等地顺势成为全球主要的服装生产基地。彼时社交网络在全球范围尚处于高速发展期，希音公司迅速成为第一批抓住流量红利的跨境电商平台，先后在法国、俄罗斯、德国、意大利、阿拉伯等国推出网站，建立仓储系统，逐渐完善供应链，开启自主研发设计之路。发展过程中，希音通过满足用户需求，或者创造用户需求，主动引导用户参与制造，借助中国强大的服装产业链供应链，满足北美、欧洲、阿拉伯等国家和地区的年轻人购买欲极为旺盛、渴求无限丰富又物美价廉的需求，形成需求和供给的完美匹配，产生巨大的飞轮效应，催生出希音全球快时尚电商平台，其中自然也离不开希音公司自身的巨大努力和辛苦付出。希音之所以能够在快时尚这种低利润空间的行业中依然保持盈利的主要原因，是做到了对需求的精准抓取、低成本精准获客、对生产成本的精准把控，以及对供应链效率的优化。具体而言，希音通过对大数据的分析来获取不同地区用户最新的时尚需求；利用各种高效的数字化营销、SEO 搜索等引流方式获取流量和客户；通过智能生产和管理系统缩短生产周期和降低库存压力；通过快速的供应链运作，满足消费者对于“快”的时尚需求，形成客户黏性；通过产品、物流和售后服务等因素形成的综合成本优势吸引消费者复购；在扩大新用户的同时稳住老客户，形成稳固的客户基础；持续增加的国外消费者保障了希音在扩张的同时，不断增强盈利能力；通过尽可能地省去中间环节，快速上架新产品；大规模生产“爆款”产品。综合以上因素，希音在快时尚领域保持着竞争优势。希音公司的价值观也能解释其成功原因，即围绕用户展开服务，充分考虑用户需求，借助国内完善的供应链和跨境服务体系，提供质优价廉的快时尚产品，不断构建自身独特的盈利模式。

（二）运作模式

1. 独立建站，积累流量

早期的希音在市场上没有话语权，面对市场竞争压力，希音选择在亚马逊等成熟互联网平台提供产品和服务，利用成熟平台优势迅速提高产品销量和知名度。当用户数量累积到一定程度时，希音着手建设独立运营的跨境电商平台，持续引流，同时完善多个小语种网站，进一步扩大市场份额。不同于早期阶段，现如今希音的独立电商平台具有一定市场话语权，可以在独立平台引导用户参与，企业形象也得以牢固树立。通过发挥独立平台的数据优势，深度分析用户数据，预测潜在需求、流行趋势等内容，采取灵活的营销模式，公司逐渐从产品提供商转向时尚引领者，实现了从产品输出到价值输出。

2. 凭借海量数据和先进科技重塑设计流程

希音注重建立起一座流量大坝，沉淀海量用户数据，包括用户的个人特征、搜索记录、浏览记录、浏览时长、加入购物车及购买行为等数据。希音利用云计算、人工智能、区块链等先进技术，对于海量用户数据进行截取、计算和分析，以此来研究不同国家和地区，不同消费群体的多样化需求，继而指导研发设计。为了进一步提升研发的效率，减小失败的概率，希音公司特意开发智能设计辅助系统，将分析和设计智能化，不断预测未来的时尚流行趋势。同时，借助智能设计辅助系统进行不同时尚元素的搭配组合，这样设计样稿得以最快速度制成，紧接着交付生产车间进行生产制造。

3. 搭建云工厂平台，数字技术赋能制造厂商

希音通过搭建云工厂平台，长年与愿意采取“小单快返”模式的数百家工厂展开合作。云工厂平台利用互联网技术，实时在线自动报价、下单及查询生产进度，构成一个完整的制造交易闭环。借助云

工厂平台，制造企业可以迅速获取报价，决定是否接单，节省了希音与制造企业大量的时间，省去了繁杂的下单流程，整体订单完成率大幅提升。数字技术赋能制造企业，利用平台优势进行智能化协同管理。生产厂商与数字技术深度而广泛的融合，有效破解了制造过程中的各种难题，为用户参与制造模式创新、应用开辟了广阔的空间。

4. 围绕社交媒体，开展数字化营销

希音进行数字化营销，范围覆盖Facebook（Meta公司旗下互联网社交产品）、Twitter（推特，美国互联网公司）、Instagram（Meta公司旗下社交应用）、YouTube（优兔，美国视频网站）、TikTok（抖音短视频国际版）等主流社交平台。针对海外年轻消费群体，结合不同国家和地区用户特征，希音通过引导推荐，利用算法将产品信息、时尚元素推送到用户面前，助推消费者到自建网站下单，并时刻关注用户购买后的反馈。具体来说，希音早期通过优惠券等形式鼓励用户分享产品的“买家秀”，扩大产品影响力；选择“裙装”作为突破口，大量上新；一贯坚持使用高清自拍图和更有质感的产品宣传图，使得希音网站的点击率和转化率更高；动态调整营销中心的组织架构和职能活动，全面服务于数字化营销。

5. 智能化仓储管理，完善供应链服务体系

希音公司主要采取“小单快返”模式运作，将全部供应链中心的八成人力配置到仓储物流部门，在全球布局中心仓、海外运营仓及中转仓，数字化、智能化管理仓储和物流。广东中心仓发货，在比利时、印度、美国等地建海外运营仓存储中国来的货物，负责在当地销售。中转仓负责中转和接受退换货。根据长期收集、积淀的物流数据，利用大数据算法持续优化物流线路，不断改进配送方案，甚至直接在

广东发货，送到全球各地的消费者手中。针对快时尚商品的高退货率，仓储智能化管理，承诺 45 天内可退换货（见图 2–1）。

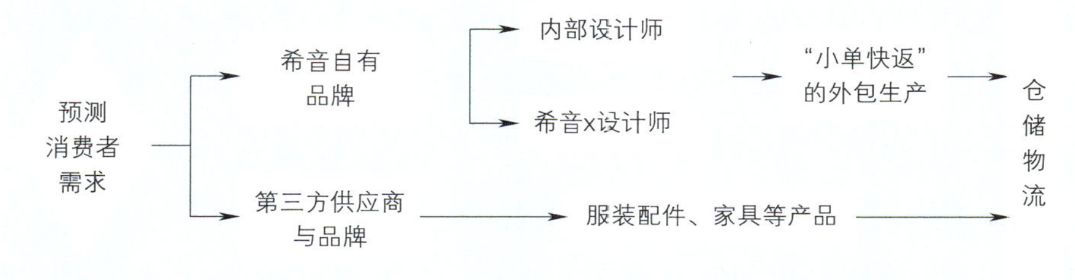

图 2–1 希音订单流程图

资料来源：SHEIN，《2021 年可持续性与社会影响力报告》。

（三）支撑条件

1. 丰富的供应商和用户数据资源

一方面，依靠国内丰富的供应商资源和其强大的生产制造能力，希音能做到极致的"小单快返"。希音公司总部位于广东广州，周围聚集着成千上万的制衣厂商，丰富的制衣供应商资源为希音跨境电商发展奠定了坚实基础。另一方面，希音通过在谷歌等各大网站布局 SEO（搜索引擎优化）广告引流，在 Instagram、Pinterest（拼趣，美国图片社交平台）、TikTok 等社交媒体进行直播带货和 UGC（用户生成内容）传播，运营各大社交网站的自有账号，以及"足够独立 + 足够大 + 足够有黏性"的独立站和 App，建立了广泛而多样的流量渠道，能够不断积累海量数据。而且希音的独立站能够带来自有流量，其 App 能够形成私域流量池。

2. 强大的供应链数字化管理体系

首先，希音对供应商实施评级管理，每季度会根据供应商的采购金额、采购及时率、备货及时率、上新成功率、次品率等内容进行考核，末位30%的供应商会被淘汰。然后，希音自主开发的数字化管理体系，涵盖了商品中心、运营中心、生产中心等不同部门的多个信息体系，适配制衣工厂使用。对于不适应供应链数字化转型的厂商，希音派驻工作人员在工厂耐心指导供应商使用技术工具，还会给予管理流程、组织结构等方面的指导。通过这些数字技术工具的使用，服装供应商能够自动接收下单指令信息，产品的细节要求精准把控，同时工厂将每一个生产环节实时同步，根据希音平台的反馈要求，决定是否安排采购原料和扩大生产。整个流程高效敏捷，减少了不必要的浪费[①]。

3. 网红营销模式增加用户黏性

希音继续采用网红营销模式在自有媒体、社交网络、视频社区等全渠道进行内容营销和产品推广，带动活跃客户和订单数不断增长。在社交网络平台，希音利用大数据、云计算等数字技术将网红为代表的关键意见领袖，精准推送到潜在消费者面前，促使用户的留存率和复购率持续走高。这样希音平台不再是一个购买商品的普通网站或App，而成为消费者经常使用的工具，对消费者形成了极强的黏性。通过希音平台，消费者有海量款式随意挑选。同时希音的“闲逛+发现新款”的功能，让许多消费者不断购置新衣物。此外，社交属性的植入也牢牢抓住年轻消费群体乐于分享、寻求认同、爱社交等特点，希音品牌则通过社交媒体得以广泛传播。最后，类似于抖音或小红书娱乐性App的上下滑动式的体验，也促使希音和消费者之间的互动极为紧密。

① 叶丹，廖银洁：《创新“小单快返”模式 推动品牌化出海　SHEIN柔性供应链体系助推服装产业高质量发展》，《南方日报》2022年12月21日第8版。

四、未来展望

近年来，我国制造业在加工制造环节的原有优势面临巨大挑战，比如人口红利的减弱、要素成本的上升、“脱钩断链”风险增多和来自美国的科技封锁等。用户参与制造模式拉近了终端消费者和上游供应商、生产商之间的距离，更精准地满足市场需求，进而减少库存、提高生产效率，有利于保持和增强中国制造业的竞争力。未来会有更多的传统制造企业转向用户参与制造模式。采取用户参与制造模式的企业还需注意以下内容。

（一）深耕供应体系建设

用户参与制造模式对于供应链的成熟度、灵活度、效率等有很高的要求。制造业企业应坚持长期主义，重点把握供应链管理，深耕供应体系建设。具体来说，企业在价值链后端关注用户的反馈时，不能因为追求短期利益而忽略供应链全过程管理。企业需要利用收集来的大量用户数据，对客户群体进行精准服务，与供应链上游企业共享分析得出的有用信息，通过制定企业标准，结合用户需求，将品质把控放在第一位，并贯彻全供应链管理。企业与供应商应深入优化产业链供应链上下游管理，在链条的各个环节做好成本把控，创造新价值，构建进入壁垒。

（二）重视数字化转型

用户参与制造模式运用了大量数据和数字化技术，制造企业采用该模式时，需要重视并着手数字化转型。数字化转型并不是简单地将原有业务全部放在网上，而是将供应链、营销、客户关系管理等环节全面数字化，开展“上云用数赋智”以及智能制造、服务型制造等制造业数字化转型。企业主动采用先进数字技术、设备和系统，充分利用我国制造场景丰富的优势，开发智能场景，建设智能车间、智能工厂、智慧供应链和智慧生态，建设具有泛在连接、数据实时采集、智能分析和控制的工业互联网平台。

（三）向价值链中高端迈进

用户参与制造模式注重用户反馈，往往在价值链后端发力，以低价取胜。这种模式有其可取之处，但极易被模仿迭代。如果企业仅仅关注用户参与制造模式的营销环节，那么只能以低价维持市场竞争。而品牌、原创设计、环保等方面还有很大的提升空间，所以制造业企业在实践用户参与制造模式时，可以在品牌内涵和价值、时尚原创设计、环保理念等方面下功夫，避免低端锁定，加速企业向价值链中高端迈进。

第三章

社群化制造

社群化制造是社群成员（包括研发者、供应商和用户）深度参与到产品的设计、制造、交付使用的全过程的一种制造模式。

互联网、移动互联网、物联网的成熟和应用促进了人和人的连接，即时信息发布、即时社交、位置服务等软硬件结合、应用的大数据化，服务的本地化和个性化，线上和线下功能融合化，改变了原有的传播逻辑、社交方式、商业规律和营销生态，也带来了生产组织方式的颠覆性变革，聚合企业和个人消费者的社群不断涌现。微信、小红书等集合媒体、社交、营销、电商一体化的平台，在强化即时通信和社交分享的同时，也突破地域限制，将具有相似兴趣和爱好的人聚集在一起，通过网络进行交流、沟通、分享信息与知识，最终形成了共同的社区意识和社区情感[①]。“为发烧而生”的小米、致力于营造“小微+社群”的海尔、硅谷新神特斯拉的“车友群”（车主俱乐部）等，都是“社群”的典型代表。社群经济推动社会生产组织方式、消费模式、品牌营销等发生颠覆性变化，社群化制造就是在这种背景下出现的一种新模式。

在社群化制造模式下，社群深度参与产品从设计、制造到交付使用的全过程中，用户不再仅仅是产品的被动接受者，而且可以提出共同的产品需求意愿，通过在线众创社区共同完成产品设计，发起众筹募集资金制造出产品，参与产品测试并提供意见反馈。工业互联网、云计算和大数据应用帮助企业提高了协作性能，提升了制造企业的管理效率和生产柔性。同时，社会信息物理系统（Cyber-Physical-Social Systems/Network，CPSS）的出现，为中小企业、个人企业和用户等社会化资源的优化利用、大规模协作、产能合理利用提供技术支撑，用户社群与研发专家社群、生产者社群相互协作，实现“想要什么产品，就可参与设计并制造出来”的梦想。

---

① Rheingold, H. The Virtual Community: Homesteading on the Electronic Frontier. The MIT Press, 1993.

一、社群成员深度参与产品全过程的制造

随着云计算、物联网、大数据、人工智能等新一代信息技术的快速发展，3D 打印技术的突破，社交媒体全面而深入地向人们的生产与生活渗透，社群化制造（Social Manufacturing）应运而生。

（一）社群化制造的内涵

目前，国内外对社群化制造模式的研究尚处于起步阶段，社群化制造还没有一个公认的定义。社群化制造（Social Manufacturing）一词最早于 2011 年出现在《美国商业资讯》中，主要指的是企业使用内部社交媒体应用程序来管理分布式制造。2012 年，保罗·麦基里（Paul Markillie）在《经济学人》（*The Economist*）上发表的《第三次工业革命》的系列文章中，"Social Manufacturing" 的含义是指依托提供 3D 打印和其他生产性服务的在线社区，人人都能够参与产品的生产制造[①]。《商业资讯》的定义仍然没有跳出工业时代以来企业主导制造的圈子，与之不同，《经济学人》的社会制造更加强调用户的主动性。王飞跃等也将 "social manufacturing" 译为社会制造，认为其就是利用 3D 打印、网络技术和社会媒体，通过众包等方式让社会民众充分参与产品制造的全过程，实现个性化、实时化、经济化的生产和消费模式，其最大特色就是消费者可以将需求直接转化为产品，即实现"从想法到产品"，并使得任何人都可通过社交媒体和众包等形式参与产品的设计、改进、宣传、推广、营销等过程，并可以分享其利润[②]。江平宇等在 2015 年提出

① The Economist. A third industrial revolution. The digitisation of manufacturing will transform the way goods are made—and change the politics of jobs too. Apr. 21st，2012.

② 王飞跃：《从社会计算到社会制造：一场即将来临的产业革命》，《中国科学院院刊》2012 年第 27 卷第 6 期，第 658-669 页。

了社群化制造的概念[1]，2022 年进一步将社群化制造定义为建立在海量的社会化制造资源（SMRs）[2]的信息—物理—社交互联，以及社群化资源自组织和协同交互与信息共享的基础上，涵盖产品全生命周期活动，分布式产消者深度参与的，一种面向未来的服务型制造新模式（见图 3–1）[3]。

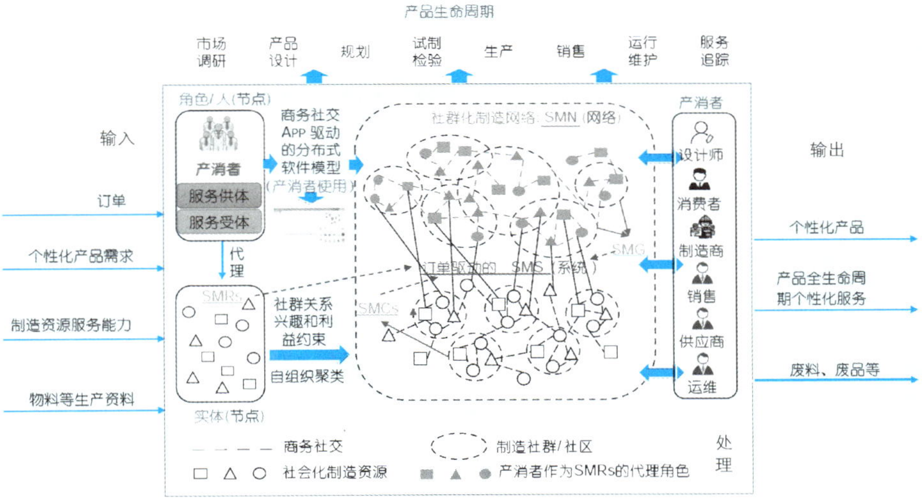

图 3–1　社群化制造模式内涵及输入—处理—输出模型示意图

资料来源：江平宇，史皓良，杨茂林 . 面向工业互联网的社群化制造模式及 3D 打印测试床研发［J］. 中国科学：技术科学，2022，52（1）：88–103.

新一代信息技术的快速发展，社交媒体的出现使社群化制造的内涵更加丰富。网络时代，产品不仅承载了传统的功能属性，还更多地

---

① 江平宇，丁凯，冷杰武：《服务驱动的社群化制造模式研究》，《计算机集成制造系统》2015 年第 21 卷第 6 期，第 1637–1649 页。

② 社会化制造资源（Socialized Manufacturing Resources，SMRs）是指在社群制造中参与到产品全生命周期活动中的，各类有形和无形制造资源的总和，具有对外提供专业化制造服务的能力。

③ 江平宇，史皓良，杨茂林：《面向工业互联网的社群化制造模式及 3D 打印测试床研发》，《中国科学：技术科学》2022 年第 52 卷第 1 期，第 88–103 页。

承载了趣味与情感属性，优秀的产品能直接带来可观的用户和粉丝群体。因此，社群化制造可以说是围绕“产品”从设计、生产、加工、营销、使用直到报废全生命周期，形成的有相同审美、相似兴趣、相近价值取向的消费者群体、设计师群体等与企业形成的一种新的连接方式或生产组织方式。其核心要素是产品、社群和自组织。相同价值取向的用户、研发者、企业、供应商等以产品为中介，依托网络平台聚合到一起，不仅进行信息传播、情感交流、价值共享，而且他们相互激发、相互启迪，用户的创意、个性化的产品要求能够通过与各类资源社群进行协同交互得以实现。

（二）社群化制造模式的体系架构

目前，作为一种建立在分布式、社会化资源自组织的大规模协作与共享基础上的网络化制造模式，社群化制造的体系架构正在研究和探索中。江宇平等基于工业互联网，构建了社群化制造开放式服务平台的体系架构以集聚海量分散的制造社群（SMG）①、制造社区（SMCs）②，社会化制造资源（SMRs），架构共分为社会化资源层、节点配置层、社区层、社群层、社群化制造系统层、应用层六个层次（见图 3–2）。其中，社会化资源层是指分散的“人—机—物”等制造资源，特定的产消者以及生产加工设备、仓储物流、网络通信、材料与

① 社群化制造社群（Social Manufacturing Grouping，SMG）是指依据制造兴趣分类，及其社交活动而聚集在一起的各种产消者集群。

② 社群化制造社区（Social Manufacturing Communities，SMCs）是指以社会化制造资源为节点，由社群关系、兴趣和利益约束关系连接而成且具备资源物理属性的群体网络，具有较稳定的群体结构、较一致的群体意识和行为规范，是个体资源节点之间关系的逻辑上聚合。社区是社群的子集，是社群的物理体现。多个社会化制造资源可依据资源类型及能力相似性，或围绕产品订单集聚化形成的利益共同体，以成员整体资源能力对外提供制造服务。SMCs 又可分为资源 / 能力导向的社区和产品导向的社区。其中，资源 / 能力导向型社区通过相似资源 / 能力的社会化制造资源自组织形成，以社区为整体对外提供生产服务，在利益均衡分配机制下，社区成员分工明确且相互协作，实现资源、能力和信息的协同和共享；产品导向型社区围绕产品 / 订单的物料清单（BOM）形成，社区成员之间交互协作，共同完成产品订单的生产任务。

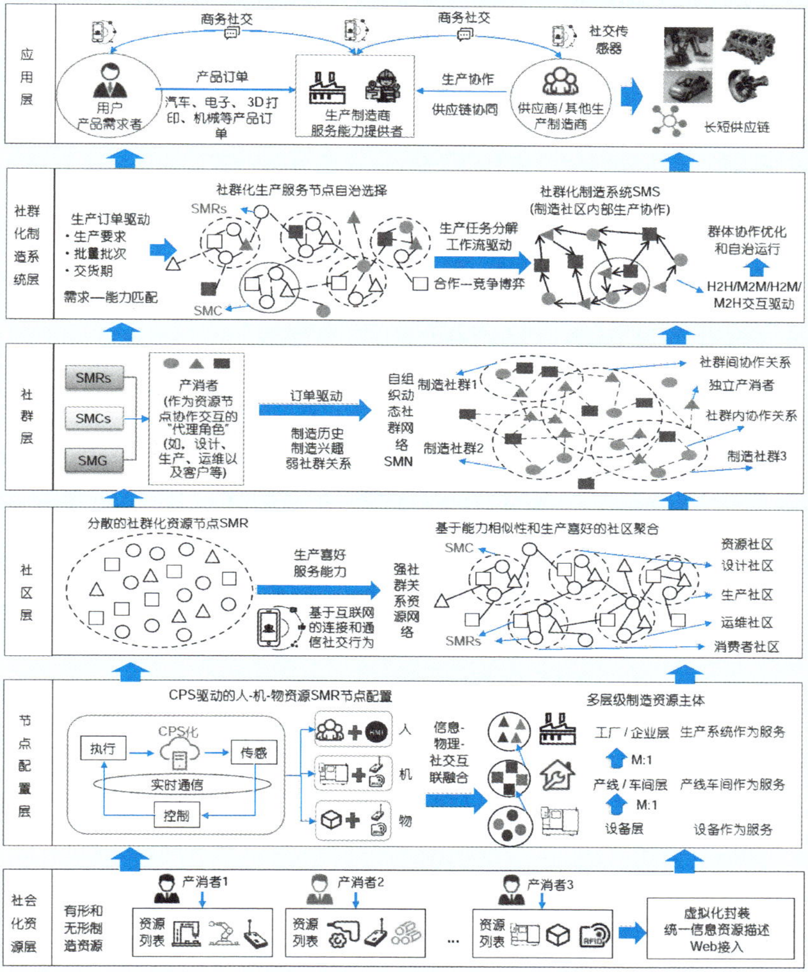

图 3-2　社群化制造模式体系架构

资料来源：江平宇，史皓良，杨茂林. 面向工业互联网的社群化制造模式及 3D 打印测试床研发［J］. 中国科学：技术科学，2022，52（01）：88–103.

传感器等各类有形、无形的制造资源；节点配置层是借助信息物理融合系统（CPS）、传感器与物联网等技术，对设备层、产线/车间层、企业层等各层级的制造资源进行智能化配置和封装，形成具备自感知、自交互与自运行能力的信息物理融合系统（CPS）节点，以实现多种制造资源主体间的“信息—物理—社群”互联，为社群化生产运行过程中的协同交互与资源信息共享提供支撑；社区层是通过对虚拟化封装和信息物理融合系统（CPS）配置后的多层级社会化制造资源主体间的生产联系进行挖掘，结合资源服务能力构建基于生产偏好的强社群关系资源网络，形成基于生产喜好和能力相似性的社区集合；社群层是通过根据订单驱动的制造历史、制造兴趣等构建的弱社群关系网络而构成的社群化制造网络；社群化制造系统层是在订单任务和工作流的驱动下，借助群体智能与数据知识共享等技术实现资源节点的自治与协同运行；应用层是用户、制造商、供应商等社群化制造网络（Social Manufacturing Network，SMN）中的资源节点依托社群化制造系统，借助社群化制造服务软件，完成社群化制造下的产品全流程业务活动，包括“需求—能力”匹配、资源自组织、生产协同运行以及信息共享等①。

二、社群化制造的发展现状

社群制造从出现至今仍处在探索阶段，实际应用案例并不是很多，主要集中在产业链上游的设计研发环节和下游的营销环节。2007 年创立于荷兰的 Shapeways 公司是最早利用 3D 打印技术尝试社群化制造的企业之一。2012 年 10 月，其在纽约的“未来工厂”开始投入运营，通过 Facebook 和 Twitter 等社交媒体接受客户的各种产品的三维设计方案，利用 3D 打印机并在数天内完成产品的生产，然后寄送给客户。同时，该公司还为商家和设计者设立平台，让他们可以利用公司的 3D 打

① 江平宇，史皓良，杨茂林：《面向工业互联网的社群化制造模式及 3D 打印测试床研发》，《中国科学：技术科学》2022 年第 52 卷第 1 期，第 88–103 页。

印机生产并销售自己设计或收集的产品[①]。目前，Shapeways 公司生产着数以百计的 3D 打印产品，从按钮、耳机电缆夹、iPhone 保护盒到雕像，应有尽有。在 Shapeways.com 网站上，任何人都可以建立一个商店，使用各种各样的材料，如尼龙和纯银等，生产销售他们设计的各种创意产品。

2009 年成立于美国纽约的 Quirky 公司，被认为是世界上最有创意的“梦工厂”，主要专注于厨卫小工具、数码设备配件、儿童玩具、运动与旅行辅助装备等创意产品的细分市场。Quirky 社区每月会从当月提交的所有产品创意中挑选产品并付诸生产，创意提交者也就成为该产品的发明人，并能获得产品销售额 1.5% 的特许权使用费。目前，Quirky 社区拥有 130 万成员，打造的创意产品多达 32.1 万种，支付特许权使用费达 1100 万美元。Quirky 社区在首要位置推荐“最有影响力人物”（Top Influencers），用户需要通过提交创意、投票、评分评论、参与预售、参与产品的设计开发与营销环节等多种方式来获得“影响因子”（influence），以成为最有影响力人物。[②]

在国内，随着消费升级，用户需求日益呈现多样化、个性化的色彩，为了更好地满足迅速变化的个性需求，越来越多的制造商参与创建社群，让用户深度参与产品设计和开发中，提供创意、贡献智慧，从而加速产品创新。比如小米手机在创立伊始，就紧紧抓住一部分智能手机发烧友的创造热情，以开发者论坛为突破口，吸引志愿者参与开发，并且不断激发和强化其参与热情，挑选创意精湛和有创业热情的“发烧友”级用户，请他们参与手机的设计研发，再根据这些关键

① 王飞跃：《从社会计算到社会制造：一场即将来临的产业革命》，《中国科学院院刊》2012 年第 27 卷第 6 期，第 658–669 页。

② 豆瑞星：《Quirky：电商“因小而美”》，《互联网周刊》2013 年第 536 卷第 2 期，第 32–33 页。

意见领袖（Key Opinion Leader，KOL）的建议进行产品升级和口碑传播。关键意见领袖不仅是小米的开发贡献者、小米手机的消费者，更是小米品牌的义务传播者。小米通过让用户自愿参与开发、自愿传播、自愿消费，把开发者发展成粉丝，通过极致化的粉丝营销打造“米粉部落”，并依靠这些狂热的米粉获得先发式和持续性的产品创新动力和品牌传播优势，使小米如滚雪球般快速成长起来。截至 2022 年底，小米社群注册用户已经超过 1.2 亿，覆盖了全球 200 多个国家和地区。通过定期举办互动活动、线上直播、技术交流等方式，小米社群一直保持着非常高的活跃度和互动性，有大量用户在社交平台上发布内容、留言回复、参与活动等。社群交流覆盖的主题也不断拓展，除了手机还有智能家居、健康科技等，用户可以在社交平台上找到感兴趣的话题，并与其他用户进行交流和分享。此外，小米社群还是小米公司重要的产品反馈渠道之一，用户可以在社交平台上向小米官方反馈使用问题、提供建议或意见，帮助小米更好地优化产品和服务。

作为 Web2.0 时代的一种新制造模式，社群化制造的应用在促进企业制造模式、生产组织模式和商业模式变革，推动中小制造企业数智化转型升级、提升竞争力等方面，已经展现出了一定的潜力。随着 Web3.0 时代的到来，作为一个汇集人类群体智能，激发更大创新价值的下一代网络，其共建共治、数据资产、效率提升的优势，将最大限度地激活社群成员的创造力、传播力和消费力，来推动产品创新、制造效率的提升以及社会资源的优化配置。

三、海尔 HOPE 平台社群化制造的实践

海尔集团（原名“青岛海尔”）以“青岛电冰箱总厂”为前身，在

合并了青岛电冰柜总厂和青岛空调器总厂后，于 1991 年 12 月 20 日成立海尔集团①。成立以来，海尔经历了名牌战略、多元化战略、国际化战略、全球化品牌战略，随着互联网和移动互联网的发展，海尔逐渐从实现与用户的零距离接触，满足用户个性化需求而设立的“人单合一”模式，转向探索微店、实体店和线上店三位一体的社群经济模式，推动海尔由一个大企业向平台型企业和生态圈转型，由一个单纯的家电品牌向互联网品牌转变。

为了更好地利用全球优质创新资源，海尔基于“世界就是我的研发部”理念，于 2009 年 10 月搭建了一个聚集创新者的生态社区（Haier Open Partnership Ecosystem，简称 HOPE），并于 2013 年 10 月正式上线，依托“人单合一”管理模式和开放创新理念，目前已经成为海尔旗下独立的开放式创新服务平台。2014 年 6 月 HOPE 创新平台改版升级，秉承“开放、合作、创新、分享”的理念，与全球研发机构和个人合作，为平台用户提供前沿科技资讯以及创新解决方案。2016 年 12 月 15 日，HOPE 平台再次升级，启动了“创新合伙人计划”，邀请全球各行业、各领域专家、创新者加入，建立开放的创新合伙人社群，连接全球创新资源与用户需求，推动协同创新、资源共享、科技成果转化。目前，创新合伙人模式成为海尔发挥社群经济效应的重要部分。HOPE 平台上聚集着高校、科研机构、大公司、创业公司等群体，覆盖了 100 多项的核心技术领域，聚集社群专家超过 12 万人，全球可触达资源超过 100 万个。

（一）HOPE 平台创立的背景

由于研发投入的不确定性和长期性，很多传统制造企业在发展过

---

① 海尔集团官网。

程中不愿意投入大量资金去进行新产品研发。创新资源枯竭往往是阻碍企业进一步发展的主要原因[①]。正如亨利·切萨布鲁夫在《开放式创新》一书中的核心观点：随着知识社会来临，知识垄断时代结束。组织需要娴熟地将系统外的科技、知识、经验、人才以更快速度导入企业，打破组织的边界，更好地为顾客创造价值，以获得战略竞争优势[②]。海尔的HOPE平台就是在这种背景下产生的。

作为海尔开放式创新的门户，HOPE平台的主要功能定位为全球资源网络、创新者社区、一站式服务平台。海尔集团以中国、意大利、美国、日本、韩国、新西兰、墨西哥、以色列、印度等地建立的十大研发中心为依托，通过收购研发能力较强的大型家电企业，联合设立创新中心、联合研发中心等形式，建立覆盖全球主要技术高地的“10+N”开放式创新生态体系。创新者社区通过搜寻、扩散、黏合，最大限度地发挥了“乘数效应”，使海尔能够连接到更多资源。交互、检索、对接、成果评价、交易保障的一站式服务平台，吸引了更多的资源方加入HOPE平台，为海尔的创新增添动力。

自成立以来，HOPE平台开发了众多深受市场欢迎的产品，如MSA控氧保鲜冰箱、净水洗洗衣机、水洗空调、天樽空调、零冷水热水器、防干烧燃气灶等，为海尔各产品研发团队和超前研发团队提供了有力的支持。根据HOPE的官方统计，截至2020年底，HOPE服务的行业包括家电、能源、健康、日化、汽车、烟草、材料、智慧家居、生活家电等20多个大的领域。

---

① 金伟林，王侦，吴画斌：《开放式创新平台如何赋能——基于海尔集团HOPE平台的探索性案例研究》，《特区经济》2020年第376卷第5期，第67–70页。

② ［美］亨利·切萨布鲁夫：《开放式创新》，广东经济出版社，2022。

（二）HOPE 平台的运作机制

经过多年的探索，目前，HOPE 平台上已经汇聚了高校、科研机构、大公司、创业公司等群体，覆盖了超过 100 个核心技术领域，社群专家 12 万余人，全球可触达资源超过百万个，形成独特的运作模式（见图 3–3）。

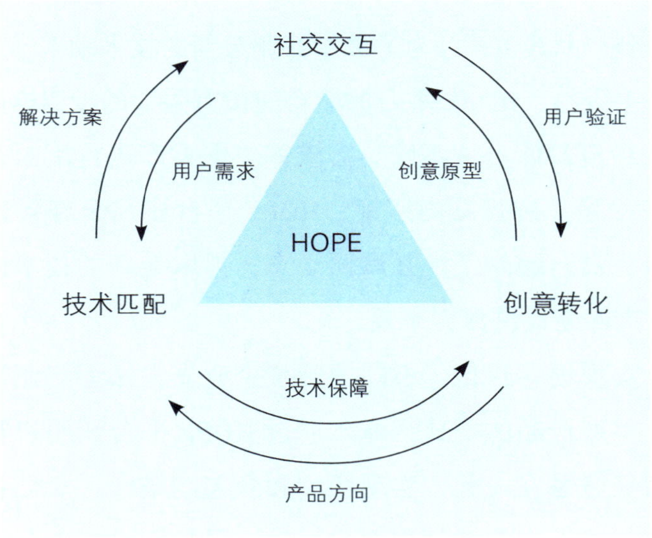

图 3–3　HOPE 平台的运作机制

资料来源：《2019 年度海尔智家企业社会责任报告》。

首先，构建社群经济生态平台。HOPE 建立的初衷，很大程度上就是在社会资源离散化、用户社群化的社交网络时代，挖掘用户的潜在需求，个性化地解决用户问题。随着发展过程，HOPE 逐渐从搭建开放创新平台向构建创新生态系统转变。HOPE 平台推出的创新合伙人社群参与方从机构拓展到个人，从单纯的需求发布，进化到社群交互和资源匹配，为各领域专家进行知识分享和参与项目研发搭建交流平台。HOPE 通过与用户、各领域的技术专家、学者、内部员工、极客、发烧友、供应商等各相关利益方建立起互动的社群关系，形成了覆盖从研发、制造到使用全过程，独特的社群经济生态平台。

其次，匹配技术资源。HOPE 平台负责为集团各个产业线导入发展所需要的全球最先进的技术。在海尔集团，一般产业线上的研发人员只研发近期（1 ~ 2 年内）可以直接用到产品上的技术，而 HOPE 平台主要负责 3 ~ 5 年的超前研发，超前研发的成果成熟后，需要进行转化时才能用到产品线上①。为了掌握行业最新的技术动态，为研发方向决策提供一手资料，HOPE 平台的后台建设有强大的搜索匹配引擎，能够快速将后台资源库、方案库、需求库、创意库进行配对，匹配精准度达到 70%。除了进行站内匹配，HOPE 平台还在全球各地分布了数百台爬虫服务器，随时关注互联网动态，抓取最新的技术信息并分析入库，为精准匹配提供数据来源。

最后，实现创意转化。不同于传统企业先去做用户调研，再去与企业合作、生产产品的模式，海尔通过 HOPE 平台把用户和工程师及外部合作伙伴联系在一起，实现众创和众包的结合。众创就是去找到创意，负责与线上线下的领先用户互动，寻找用户痛点和需求；众包就是在已有创意的情况下，根据痛点和需求去寻找合作伙伴来解决问题。为了产出更多的颠覆性创意，海尔推出了用户付薪政策和人人创客推进，只要是参与交互的用户或者资源，都能够获得产品收益的分享。此外，海尔还成立了六大孵化基金，对创意从提出、孵化到产业化等创意转化的每一个环节都能够提供全方位的支持。

迄今为止，HOPE 平台每年发布技术需求上千个，解决产业线技术难题近百个。同时，通过与高校院所、中小企业合作，HOPE 已助力

① 金伟林，王侦，吴画斌：《开放式创新平台如何赋能——基于海尔集团 HOPE 平台的探索性案例研究》，《特区经济》2020 年第 376 卷第 5 期，第 67–70 页。

研发出创新性产品，斩获国家科技进步奖，荣获“科创中国”产学研融通组织殊荣，而且，HOPE 典型案例还多次入选哈佛商业评论以及国内外专刊。

四、未来展望

随着生产组织和社会分工向网络化、扁平化、平台化转型，企业的边界日趋模糊，制造业形态正在发生深刻变化。新一代信息技术的应用、社交媒体的出现，重构了厂商和用户之间的关系，为制造企业与不同社群（包括研发者、供应商和用户）的合作、制造资源的优化配置提供了新平台和新机会。如前所述，社群制造作为 Web2.0（又称为“社交互动网络”）时代的产物，无论是研发端由企业主导的研发型社群（如海尔 HOPE 平台上的各种社群），还是营销端围绕主要产品组成的产品型社群（如米粉——小米品牌的粉丝、特斯拉的车友群），都主要基于用户生成的内容（UGC）、效率、参与度以及与其他设备和系统增加的通信，重点关注的是用户体验。

随着 Web3.0 时代的到来，一方面，人工智能（AI）、机器学习（ML）、大数据和去中心化分类账技术（DLT）等技术的应用，能让计算机像人类一样处理、组织和加工利用数据；另一方面，可穿戴设备、人机交互技术让计算机和网络能够利用信息解决个体实际的需求。而且，区块链、边缘计算等技术支撑了群体信用体系的构建，使交互和连接进一步深化，由用户构成的社群和社群商业模式将会发挥更加重要的作用。

第一，用户可能会被进一步赋权，也就是说用户所创造生产的数字内容，所有权归属于创作贡献者，用户所创造的价值可以由用户自主选择与他人签订协议进行分配，这有利于用户广泛、深入地参与产品研发、设计、生产和销售各个环节。

第二，在 Web2.0 时代，用户社群和企业之间的关系更类似“依附—支配”的关系，而 Web3.0 打造了一个新的数字空间，用户可以形成一种新的数字身份体系，会建立一种“创造价值—确定权益—获取收益”的数字经济系统。这样的经济系统将会进一步整合实体空间和数字空间的要素资源，有利于推动社群成员与企业之间价值联系的深化。

第三，Web3.0 是充分开放的，突破了平台和平台之间互相隔离造成的“信息孤岛”和“数据烟囱”，用户在不同基础设施的 Web3.0 应用之间可以采用“跨链”协议解决互联互通，这为打破产品社群、企业社群界限，形成多维交互、动态优化的社群化制造模式创造了条件。

第四，基于区块链技术构建的 Web3.0 空间和应用，可以由每个用户所拥有，充分实现用户共建、共治。由于开放、信任是社会群体达成共识、协同创新的重要基础，Web3.0 所链接的内容、应用和资产、其确立的开放机制，不仅有利于最大限度地激发社群成员的创造创新能力，还将会使社群化制造通过复杂的协同交互，充分调动社会资源，创造出更广阔的应用空间和更多的创新模式。

第四章
设计师驱动的制造

设计师驱动的制造是指独立设计师依托数字技术和数字平台实现设计产业化、打造自有品牌的制造模式。

2020年6月，全球新冠疫情累计确诊病例逼近千万人次大关，受新冠疫情影响，全球著名鞋业设计师品牌斐乐（FILA）在年度订货会来临之际，仍未完成全部样品的设计制作。危机之中亦有转机。同月，广东时谛智能科技有限公司（以下简称“时谛科技”）提出数字化解决方案，推出一款名为“Ideation”的一站式数字化协同开发平台，为鞋业设计师品牌提供高还原度的三维虚拟样品设计平台和高逼真度的渲染平台。据此，斐乐在短短两周内便完成了近千种鞋品配色和全部样品制作，如期举行并顺利完成了订货会。时谛科技为鞋业设计师品牌推出的数字化解决方案，在解决疫情下设计师品牌发展困境的同时，也助力时谛科技赢得诸多社会关注和荣誉奖励。作为数字经济时代科技型中小企业中迅速成长的新星，时谛科技为设计师品牌获取供应链资源和终端客户订单提供了一站式和一体化的解决方案，将传统的依赖于大型企业从事生产经营的品牌，从实体搬上了“云端”，进而依托数字化打造自身的供应链，实现设计产业化。

一、设计师依托数字技术独立创作产品的模式

传统制造模式由大型制造企业主导设计、制造和销售等流程，设计师通过依靠制造企业完成设计创新向产品制造及其销售的转化。在数字化背景下，设计师品牌可以依托数字技术和数字平台打造以“我”为主的供应链，独立实现设计产业化，这种制造业新模式被称为“设计师驱动的制造”。该制造模式主要有三大要素：品牌、设计师和云端。首先要明晰何为“品牌”。美国营销协会（American Marketing Association）将“品牌”的定义设置为“用于识别销售商及其群体的商品与服务，并且使其与竞争者的商品与服务区分开来的名称、术语、标

记、符号、设计及其组合”。根据这一定义，“品牌”最大的作用和功能在于识别差异和区分产品。

在商业领域，品牌可以追踪至欧洲中世纪行会使用的商品贴标。公元12世纪，阿拉伯人将造纸术传入欧洲，欧洲各大行会开始鼓励匠人利用水印技术将本行会的标志性符号拓印在生产的商品上，成为一种体现商品品质的宣传行为。随着欧洲中世纪手工艺行业的蓬勃发展，大量具备设计能力的匠人开始独立开办小作坊，利用自身的工艺技能开展创业活动。在此过程中，对商品“贴标签”的行为偏好流传至匠人开办的小作坊。看似简单的“贴标签”行为，实际上体现着对异质性产品的识别和区分，发挥了品牌的标识作用。

18世纪60年代，工业革命在英国兴起并逐步席卷全球，世界开始步入工业经济时代。传统的手工作坊生产模式逐渐升级为机械化和自动化生产模式，对生产效率的追求成为生产环节的核心。大量商品在标准化的流水线上批量生产，提高了商品的供给量，相当程度上改善了消费者的基本物质需要。过度标准化的生产流程使得市场上的商品逐渐趋于同质化，由此形成的商品品牌被称为“大众品牌”。然而，随着生活水平和收入水平的不断提高，消费者对商品的独特性和适配性的追求越来越强烈，同质化的“大众品牌”难以满足消费者的个性化需求。与此同时，产品设计逐渐成为生产环节的新核心。

所谓设计，是指将人类对美学的认知和偏好，融入人造事物的加工生产过程。在市场需求的牵引作用下，设计师利用自身的专业知识和异于他人的设计思想，创造出异质性商品，打造设计师品牌，满足消费者的个性化需求。设计师品牌具有设计的原创性、对象的小众性、经营的灵活性和市场的局域性特征。一是设计的原创性。设计师品牌注重独特性和创造性设计，倾向于通过个性化的产品设计捕获市场上具有特殊需求偏好的消费者，进而在某一消费领域形成具有排他性的市场势力。因此，原创性是设计师品牌最显著的特征。二是对象的小众性。根据长尾理论，关注于特定需求的小范围群体同样能够获得巨大的发展空间。为了规避同质性市场的激烈竞争并充分体现商品的差异化，设计师品牌通常会主动规避大众潮流，将产品定位于特定的小范围目标群体，并集中主要精力为这一小范围的目标群体提供定制化服务。三是经营的灵活性。与“大众品牌”不同，设计师品牌的生产环节通常呈现以设计师为核心的小规模、少层次和简单化布局。因此，在遭遇突发性市场需求冲击时，设计师品牌更容易调整生产经营方式，灵活应对市场变动。四是市场的局域性。从服务对象的空间分布上来看，设计师品牌主要为国际都市或经济发达地区的消费者提供服务，极少向欠发达地区渗透。原因在于，对独特性和创造性产品的追求需要支付额外的排他性费用，经济发达地区的市场的消费者具备相应的购买能力，能够支撑设计师品牌运转。此外，经济发达地区的市场对艺术的鉴赏力和对美学的审视力更强，具备相应的市场需求基础。

随着数字技术的兴起，全球经济逐渐开始由工业时代向数字时代过渡，设计师品牌也搭乘数字化快车，摒弃传统的纯线下、纯实体发展模式，走上“云端”。尤其是在新冠疫情背景下，全球要素流通畅度和人员流动频率遭受重创，传统的发展模式无法满足设计师品牌发展的现实需要，借助数字平台、数字技术和数据要素缓解发展约束尤为重要。在此背景下，设计师品牌的研发创造、经营管理和销售服务等环节由线下转移至“云端”，形成数字化转型下的新产物。

二、设计师驱动的制造主要领域

国际市场上的设计师品牌起步较早，经历工业化和时代观念演变的反复洗礼，时至今日已经诞生了路易·威登、普拉达、巴黎世家、古驰等诸多超大规模设计师品牌集团。中国的设计师品牌是在工业化基本成形的基础上诞生的，20 世纪末，中国开始通过承接或主办国际化的设计师品牌赛事和时装周等，集聚国际设计师资源并培育本土设计师品牌。借助设计师大奖赛和国际时装周等国际化平台，中国本土设计师逐渐发展壮大、迈向国际，诞生了“例外（EXCEPTION de MIXMIND）”“吉芬（JEFEN）”等诸多大牌。值得注意的是，中国本土兴起的设计师大多有过国外经历，设计师品牌的孵化甚至一度在意大利等国际设计师品牌聚集地完成。因此，中国本土设计师品牌是在国际设计师品牌发展环境影响下形成的独特产物。从发展趋势来看，近年来中国设计师品牌势头良好，经济指标稳步上升。从市场结构来看，目前中国的设计师品牌主要涵盖鞋履、服饰、文创、家具、首饰等领域。从空间分布来看，设计师品牌活跃的城市主要分布在华北地区和华东地区，相比之下，华中地区和华西地区分布较少。上海、北京、广州和深圳等一线城市的设计师品牌发展最为活跃，品牌形态相对规范且完整。

如果说上述国际化、大规模的设计师品牌，是长期以来设计师体系化经营的结晶，那么近年来在数字经济背景下不断涌现的设计师品牌“新秀”，则充分体现了数字化赋能下“设计师驱动的制造”模式所具备的强劲优势。以设计师品牌数字赋能企业——蕾虎为例。近年来，单是蕾虎一家数字赋能平台，便挖掘了数百家独创设计师品牌，并集聚了逾百万热衷于中国式设计创意的潜在消费者。从成长性来看，包括蕾虎在内的数字赋能企业正在培育设计师品牌由小及大、由弱变强，在数字技术、数字平台和数据要素等因素的加持下实现了产销值的高速发展。2020年新冠疫情暴发以来，设计师品牌商业领域涌现出“数字时尚”浪潮。依托数字时装周、快闪空间、微信百货小程序、网络直播间等数字化工具，设计师品牌开启了新式产销模式。设计师品牌行业发展形成了数字设计、数字展示和线上销售为一体的发展模式：分散在世界各地的独立设计师依托远程数字化设计平台和数字素材库，创造出独具一格的设计师产品；经由数字展厅和数字商店，大量设计师产品被消费者所关注，并通过线上销售渠道实现产品交付。

三、时谛科技的设计师驱动制造的实践

本文选择时谛科技作为分析对象，解析数字经济赋能下设计师品牌的发展动因、运作机制和支撑条件等。

（一）发展动因

时谛科技诞生以来的主要发展动能，来自现阶段国内外设计师品牌发展面临的三个现实问题和一个有利条件。三个现实问题是制约设计师品牌发展的新旧难题：一是设计研发环节大量的耗材投入，二是设计师与素材库之间的市场分割，三是疫情冲击下的需求萎缩。一个有利条件是指数字经济背景下，数字技术、数字平台和数据要素横空出世，为设计师品牌走上“云端”，由纯线下、纯实体发展方式向以线上为主、以线下为辅的发展方式转变提供了基础支撑。

1. 现实问题一：设计研发环节大量的耗材投入

设计师品牌，尤其是纺织类设计师品牌的设计研发环节需要大量的耗材投入。设计师品牌重在设计研发，传统的设计研发活动高度依

赖产品的试加工。设计师在设计研发新产品时，必须通过对实物素材进行反复的剪裁、组合和勾勒等工序，才能将内嵌于设计师大脑的设计理念和刻印在图纸上的产品样式转化为以实物形态存在的设计品。在反复试验和探索的过程中，设计师必须投入大量布料、丝线、皮革和针织工具等消耗品，由此造成高额的耗材投入。由此可见，如何降低设计师品牌在设计研发环节的耗材成本，是设计师品牌发展面临的重要约束条件。在此背景下，走上“云端”，利用数字技术和数字软件代替传统的手工裁剪式设计模式，无疑将成为降低设计师品牌设计研发成本的重要渠道。

2. 现实问题二：设计师与素材库之间的市场分割

设计师与素材库之间通常存在一定程度的市场分割问题。设计师职业具有极大的自由性和独立性，设计师在设计过程中需要的大量素材也不存在固定的供给渠道，因而与素材库之间存在空间上的隔离。目前，国际市场存在 Dribbble（交流网站）、Behance（设计社区）和 NounProject（免费高质量图标素材网站）等知名设计师网络平台，国内市场也出现了以“站酷网”为代表的设计师网络社区。然而，此类公开设计平台的主要功能为信息交流，缺乏专业化的素材库，难以彻底解决设计师和素材库之间的市场分割问题。如何借助互联网技术彻底破除设计师与素材库之间的交互难题，同样困扰着诸多的设计师品牌。在此背景下，走上“云端”，利用数字化材料库和数字传输设备规避空间距离对设计师研发的约束作用，为解决设计师与素材库之间的市场分割问题提供了有效手段。

3. 现实问题三：疫情冲击下的需求萎缩

疫情冲击下，设计师品牌面临订单萎缩困境，产业链条出现梗阻。一个典型的案例是疫情影响国际时装周的开办，极大缩减了设计师品牌的销售空间。国际时装周是设计师向媒体和消费者展示最新创意的主窗口和主平台，也是设计师品牌获取订单的重要渠道。疫情影响人员流动和集聚，诸多国际时装周延迟甚至取消，疫情后，恢复也需要时间。如何开拓新市场、寻求新订单，成为阻碍全球设计师品牌发展的棘手难题。在此背景下，走上“云端”，利用数字技术拓展设计师品牌的销售渠道，培育消费者的线上消费习惯，无疑将成为应对疫情冲击下的需求萎缩的重要法宝。

4. 有利条件：数字经济的蓬勃发展

数字经济发展为“设计师驱动的制造”模式提供了有力支撑。从研发设计方面来看，近年来，以数字孪生和虚拟仿真为主的数字设计技术快速兴起，为“设计师驱动的制造”提供了底层技术支撑。数字设计又称为数字化的设计，是一种以数据资源为关键生产要素，以软件和终端设备为主要生产工具，通过在工程、软件、商业、艺术等领域提供创造性与优化性创新方案，最终产出数字经济的生产性服务活动。从销售服务方面来看，数字设备和数字平台的普及化，一方面拓展了企业的销售渠道，削弱销售环节的信息不对称壁垒；另一方面培育了消费者的线上消费习惯，可以充分释放消费需求。

总而言之，研发环节高额的耗材投入、设计师与素材库之间的市场分割、疫情冲击下的需求萎缩，将长期阻碍设计师品牌的发展，也体现了“设计师驱动的制造”模式顺利诞生的发展必然性。与此同时，数字经济的蓬勃发展为“设计师驱动的制造”提供了基础支撑。在此背景下，推崇数字化解决方案的时谛科技借助有利的现实形势，登上前台，获得了历史性的发展机遇。

（二）运作机制

时谛科技围绕设计师品牌发展面临的棘手难题，提出了数字化解决方案。方案以六大目标作为优化设计师品牌发展的方向：打破时空限制、提升设计产能、减少开发成本、在线无缝协同、数字销售体验和环保可持续性。六大目标融贯在设计师品牌运作的前端设计开发和后端组织生产等方面，串联起品牌商、材料商、生产商和销售商，极大缩减了产品的设计、生产、交付和销售流程。以鞋类产品为例，在传统运作模式下，新品问世大约耗时64周，主要经历产品企划、产品设计、产品开发、产品收集、下放订单和批量生产等环节，其中耗时最长的环节为产品开发环节，耗时约27周。在数字化运作模式下，新品问世时间缩减至28周，降幅达56%（见图4–1）。降幅最明显的是产品开发环节，其次是产品企划和产品设计，最后是订单归集和批量生产。

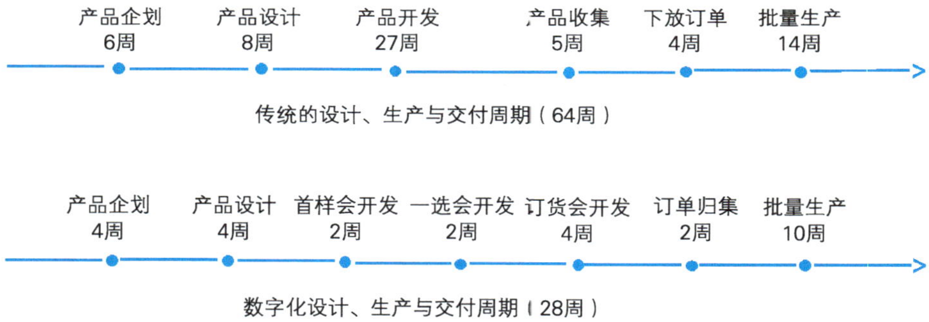

图4–1　传统和数字化下的产品设计、生产与交付周期对比

资料来源：时谛科技。

以时谛科技为例，数字化运行模式下设计师产品面世周期缩短的主要原因在于，运行平台为设计师品牌提供了数字化材料平台、数字化材料扫描仪、数字化开发协同平台、数字化建模平台和数字化销售平台等远程协作和资源共享设施。受惠于此，第一，遍布全球的自由设计师得以远程使用鞋服原料的素材库，利用便捷化数字工具优化设计开发流程，提高设计开发效率。在线协同平台还使得天各一方的设计师们得以便捷交流设计思想和技术方案，促进思想和技术溢出。第二，数字化派单或归集订单降低了纸质材料远距离传输的机会成本和传输成本，实现实时订单发放和收集，提高研发设计环节和生产环节的连通效率。总而言之，时谛科技通过数字化赋能串联起产业链上下游，保障了设计开发和加工生产的协同性与一体化。第三，通过搭建虚拟展厅、虚拟音乐会、虚拟商城甚至虚拟城市等各类虚拟空间，时谛科技为设计师品牌提供了一个虚拟、立体的产品展示空间，同时也为消费者提供了环境体验、虚拟试穿和产品选购平台，增强设计师品牌和消费者之间的连通度。不仅如此，时谛科技通过数字化销售平台对接了大量直连消费者的销售商和中间商，打造设计师品牌产业链的完整闭环。

（三）支撑条件

时谛科技之所以能够利用数字化赋能设计师品牌发展，离不开政府、市场和企业自身三大层级的有力支撑。从政府支持来看，《“十四五”数字经济发展规划》提出要全面系统推动企业研发设计、生产加工、经营管理、销售服务等业务数字化转型，加快推进线上营销、远程协作、数字化办公、智能生产线等应用。该规划为时谛科技利用数字化赋能设计师品牌提供了顶层政策指引。随之，各大部委推出《“十四五”智能制造发展规划》《“十四五”信息化和工业化深度融合发展规划》等政策文件，着重支持了与时谛科技数字化方案息息相关的智能制造、工业信息化、区块链技术和互联网创新等技术项目，为时谛科技利用数字化赋能设计师品牌提供了更加实际的政策扶持和公共品支持。

市场是培育经济主体的“无形之手”，驱动生产要素大量注入前景广阔的时谛科技。新冠疫情降低了人员流动频率、规模和范围，传统的接触式消费模式和设计生产模式遭受巨大冲击。然而，疫情下非接触型交易需求和设计生产需求激增，时谛科技主推的数字化平台获得了难得的发展机遇。在此背景下，市场调控逐利性资本大量流入时谛科技等数字化公司。根据时谛科技官网提供的信息，该公司自成立以来，已经获得红杉资本、线性资本、顺为资本等多个投资方的投资。资本的注入支撑时谛科技围绕数字领域的人力资本培育和科学技术研发加大投入，提升技术水平（见表 4-1）。由此可见，以时谛科技为代表的通过数字化赋能设计师品牌发展的新兴企业，是政府、市场和企业自身三方优势共同支撑下的时代产物。

表 4-1　时谛科技数字化赋能设计师品牌的支撑因素

支撑条件	分类	实际举措
政府因素	政策举措	《“十四五”数字经济发展规划》
		《“十四五”智能制造发展规划》
		《“十四五”信息化和工业化深度融合发展规划》
		《关于加快推动区块链技术应用和产业发展的指导意见》
		《工业互联网创新发展行动计划（2021-2023）》
市场因素	资本投资	红杉资本、线性资本、顺为资本、CMC 资本、GGV 纪源资本、钟鼎资本
	市场需求	新冠疫情下非接触型交易需求激增
企业因素	人力资源	近 400 人的团队，约 80% 为研发人员
	科学技术	IdeaLAB 数字化材料平台、ObtainX 3D 数字化材料扫描仪、Ideation 数字化开发协同平台和 IdeaCAD 3D 建模平台

资料来源：作者根据公开资料和时谛科技官网公布的资料整理。

四、未来展望

数字化赋能为设计师品牌获取供应链资源和终端客户订单提供了可能。纵观当下全球的发展趋势和未来产业发展方向，数字化仍将是设计师品牌持续发展的主要路径，“设计师驱动的制造”也将成为品牌未来发展的主要方向。从早期侧重于为设计师品牌提供数字化服务平台、工具和软件，到现阶段侧重于利用数字技术服务设计师品牌的全产业链，以时谛科技为代表的数字化赋能型企业的业务重心同样处于动态发展中。

从发展进程来看，设计师品牌产业链上的数字化赋能型企业将在产业链条上扮演越来越重要的资源配置角色，对产业链中其他企业的要素投入、加工生产和商品销售等具有直接或间接影响力。未来，数字化赋能型企业在很大程度上将向着设计师品牌产业链“链主”方向发展。做出这一判断的依据主要有两个。一是在政策依据方面，近年来政府高度关注的产业链“链长制”。2019 年，浙江在全国率先推出产业链“链长制”；2020 年，国务院在《中国（浙江）自由贸易试验区扩展区域方案》中首次从国家政策层面提及“链长制”，明确提出要建立产业链“链长制”责任体系。“链主”是“链长制”中的重要组成部分，设计师品牌产业链“链主”主要由具有市场资源调配能力的企业承担，而数字化赋能型企业恰好具备这样的能力。二是在经济依据方面，传统意义上，承担“链主”角色的企业通常是带有公有制性质的国有企业或中央企业，这部分企业致力于循环经济总体效益的最大化。设计师品牌产业链是一个相对细小的领域，不具备培育大型国企或央企的市场基础。在数字经济背景下，掌握数字技术和拥有数字平台的企业拥有更强的资源调配能力，自然有潜力成为设计师品牌产业链的“链主”。

“设计师驱动的制造”模式的未来发展面临诸多挑战。一是数字化赋能型企业的私有性质与公共品供给职能之间存在天然冲突。以时谛科技为代表的数字化赋能型企业是市场化机制下成长起来的新兴企业，这部分企业通常带有私有性质，在经济职能和社会职能方面异于国有企业或中央企业。这意味着，大部分数字化赋能型企业追求的发展目标仍然是自身利润最大化，而非社会效益最大化。因此，未来打造数字化赋能型企业在设计师品牌产业链上的“链主”地位，必然需要积极发挥政府宏观政策的引导作用，适当弥补企业在为设计师品牌产业链提供数字化公共品过程中出现的利润损失，保护企业公共品投资的积极性。二是数字化基础设施建设力度仍有待提高。政府是调节经济发展的“有形之手”，应助力数字化赋能型企业打造数字化服务平台，为设计师品牌商、生产商、物流商、投资商、销售商等多方“链属”企业提供信息交流、商品交易、素材展示和商业谈判的虚拟空间，切实助力设计师品牌走上“云端”。三是产业链供应链堵点、断点风险犹存。受制于逆全球化、地缘政治冲突、双边贸易摩擦等一系列复杂外部因素的影响，中国设计师品牌同样面临产业链供应链堵点，甚至断点问题。政府应助力建设产业链供应链堵点、断点预警机制，依托数字化管理平台及时进行资源调配，补齐设计师品牌产业链供应链短板，切实保障产业链供应链正常运转。

第五章
订阅制造

订阅制造是在数据技术和数字基础设施的支撑下，制造企业和用户之间签订长期业务合作的契约，用户按期付费，制造企业持续向用户提供具有特定功能和价值的产品，或将产品所能实现的功能以服务形式提供给用户的制造模式。

20 世纪 80 年代开始，制造业呈现服务化的趋势，制造企业由以生产和销售产品为主向提供和交付服务转变。特别是在数字技术的赋能驱动下，近年来制造业的服务化进一步加速，服务化已经成为制造业转型升级的重要方向和竞争力的重要来源[①]。制造企业在推进服务化的过程中，不断创造出新的服务型制造模式，订阅就是近年来快速发展的服务型制造新模式之一。

在服务行业，用户在一定时间内周期性地付费以持续获得企业提供的服务活动非常普遍。订阅作为一种商业模式可追溯到 15 世纪[②]；在 18 世纪，为获得服务访问权限的经常性付款模式被设计出来并在图书和音乐会领域应用[③]。也有研究认为订阅的概念起源于 17 世纪和 18 世纪的图书与报纸等信息相关产品的交易[④]。在英国，居民早在 19 世纪 60 年代就可以订购牛奶，杂志的订阅则开始于 19 世纪末期[⑤]。当前，订阅更是广泛存在于生活、生产的诸多领域。进入 21 世纪以来，随着数字经济的兴起，订阅模式在软件、互联网服务等可数字化的产品和服务领域快速增长，已经成为数字经济的主流商业模式，在新闻资讯、音乐流媒体、视频流媒体、社交网络、网络零售等领域有着广泛应用[⑥]。即使以开发、制造和交付产品为主要活动的制造业，对订阅模式

---

① 李晓华：《数字技术推动下的服务型制造创新发展》，《改革》2021 年第 10 期，第 72–83 页。

② Burgmann，N. Burger，M. Kr ü ger，A. Subscription Business Models as Accelerators for the Adoption of Industry 4.0 by SMEs. Madsen，O. Berger，U. Møller，C. Lassen，A. H. Waehrens，B. V. Schou，C. The Future of Smart Production for SMEs：A Methodological and Practical Approach Towards Digitalization in SMEs. Cham，Switzerlan：Springer，2022.

③ Schuh，G. Frank，J. Jussen，P. Rix，C. Harland，T. Monetizing Industry 4.0：Design Principles for Subscription Business in the Manufacturing Industry. 2018 IEEE International Conference on Engineering，Technology and Innovation（ICE/ITMC）.

④ Gassmann O，Frankenberger K，Csik M. The business model navigator：55 models that will revolutionise your business. Harlow：Pearson; 2014.

⑤ Dunne，D. The Origin Of The Subscription Model，2021–12–03.

⑥ 闫德利：《会员订阅付费成为互联网主流盈利模式》，《互联网天地》2017 年第 3 期，第 12–14 页。

的探索也已有不短的历史。早在 1962 年，航空发动机公司罗尔斯·罗伊斯就发明了按小时计费的“小时动力”模式，即按照每飞行 1 小时的固定成本提供完整的发动机和配件更换服务[①]。

近年来，随着移动互联网、物联网、大数据、人工智能等新一代信息技术与制造业融合程度的不断深化，越来越多的产品、设备和系统被接入互联网和被“软件定义”，物理产品成为服务的内在组成部分，不仅软件和互联网领域的订阅模式不断增加，而且也从服务业扩展到制造行业[②]，越来越多的制造企业开发订阅服务，将之培育成持续获得营收的重要来源（见图 5–1）。制造业正在服务化，而服务正在订阅化，订阅已成为当前快速发展的服务型制造新模式。

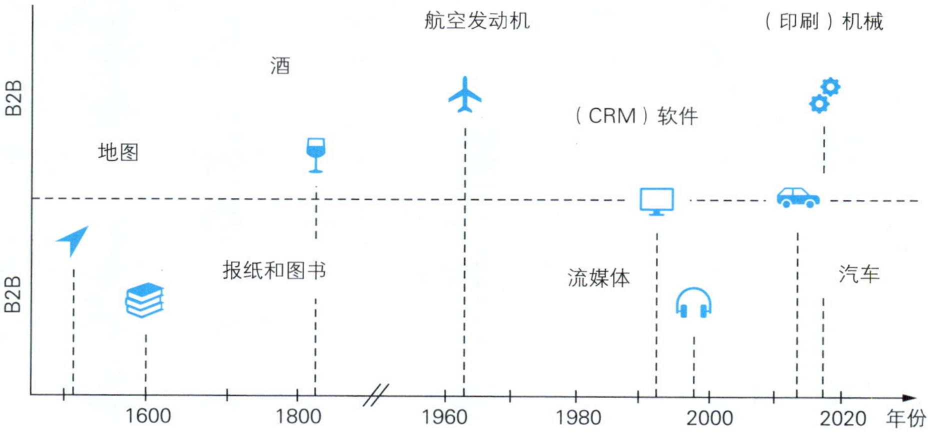

图 5–1 订阅模式的应用历史

资料来源：根据 Riesener，M.，Doelle，C.，Ebi，M.，& Perau，S.（2020）.Methodology for the implementation of subscription models in machinery and plant engineering.*Procedia CIRP*，*90*，730–735 修改。

① Fraunhofer IFF，Kearney. Riding the Wave of Subscription Business Models in Manufacturing. 2021.

② Schuh，G. Frank，J. Holst，L. Müller，D. Leiting，T. Bruhns，L. Digitalization as an Enabler of Subscription Business Models in the Manufacturing Industry［C］. in Voigt，Kai-Ingo，Müller，Julian M. Digital Business Models in Industrial Ecosystems：Lessons Learned from Industry 4.0 Across Europe. Cham，Switzerland：Springer，2021.

一、产用长期合作、用户按用付费的制造模式

作为一种在数字经济时代蓬勃兴起的新型商业模式，订阅受到了企业界的重视，在学术界也开展了一系列研究。在制造业中的订阅模式有其特殊的内涵，与产品销售、传统订阅、租赁、服务型制造、共享经济等既有相同点，也有很大的差异。

（一）订阅的内涵

订阅是在数据技术和数字基础设施的支撑下，企业和用户之间签订长期业务合作的契约，用户按期付费，企业持续向用户提供具有特定功能和价值的产品或服务，以满足用户的需要。在制造行业，订阅模式下的服务是基于制造企业生产的产品而实现的，更普遍的且发展更快的是以“即服务”（X as a Service，XaaS）的形式存在的，即将原来销售和交付产品的模式转变为将产品所能实现的功能以服务的形式提供给用户。尽管用户可以通过自己使用该产品以获得相应功能、创造相应价值，但是在订阅模式下，不需要用户自己操作，而由制造企业直接向用户提供自己所生产的产品所能实现的功能或交付该产品创造的价值。

（二）订阅的分类

Rudolph et al.（2017）将 B2C 领域的商品订阅划分为三种类型：销售商品化物品的预定义订阅；销售根据消费者偏好选择的特定类别产品的策划订阅；销售包含消费者无法控制内容的盒子的惊喜订阅[①]。安福双（2021）从客户类型、产品类型、垂直细分行业三个维度对订阅

① Rudolph，T.，Bischof，S.F.，Böttger，T.，& Weiler，N.. Disruption at the door：A taxonomy on subscription models in retailing. Marketing Review St. Gallen，2017（5）：18–25.

企业进行分类，并将订阅业务分为知识付费、海量内容库、优先权、周期性消耗品、精选盒子、样品盲盒等类型[①]。我们聚焦于制造业领域的订阅，根据不同的标准分为三种类型。①根据用户的性质。根据用户是企业还是个人消费者，可以把订阅划分为2B的订阅与2C的订阅。②根据订阅内容的性质。根据企业向用户提供的内容是产品还是服务，可以把订阅分为产品（硬件）订阅与服务（软件）订阅。产品订阅是企业定期向用户提供产品或产品的组合；服务订阅是企业定期向用户提供由产品运行所形成的服务。③根据订阅的实现方式。根据订阅内容是远程提供还是本地实现，可以把订阅分为本地化订阅与远程订阅。前者如汽车座椅加热功能的实现，后者如预防性维护、远程诊断服务。

二、订阅制造发展现状

订阅模式已经在许多制造业领域出现，并呈现应用领域不断扩展、程度持续加深之势。在航空发动机行业，罗尔斯·罗伊斯的“小时动力”概念已经在市场上存在了很多年；热力技术制造商向客户销售热能输出而不是散热器[②]。汽车行业是订阅经济发展较为迅速的制造业领域，几乎所有的汽车制造商都在试验订阅模式。特斯拉的自动驾驶订阅收入占到了整车销售收入的25%，有机构预测，10年后订阅服务将占到欧美新车市场销售额的40%。在IT行业，戴尔集团推出按需计费模式Flex On Demand（FOD），用户按照使用量（包括时间或容量）为使用戴尔的企业级基础设施付费。在机械行业，卡特彼勒推出Cat

① 安福双：《订阅经济：一场商业模式的全新变革》，电子工业出版社，2021，第84页。

② Schuh，G. Frank，J. Jussen，P. Rix，C. Harland，T. Monetizing Industry 4.0：Design Principles for Subscription Business in the Manufacturing Industry. 2018 IEEE International Conference on Engineering，Technology and Innovation（ICE/ITMC）.

Connect Solution 分析平台，帮助用户对设备故障进行预判和提供预防性维护保养，降低因故障停工对客户造成的损失；小松制作所从“我能卖给你多少辆卡车”的产品销售思维转向“你需要运走多少土”的服务思维，建立了“运土即服务”的新模式①；德国印刷机械制造商海德堡印刷机械有限公司推出“海德堡订阅”商业模式，用户为每月的印刷量而不是印刷机械付费②。Zuora 的数据显示，全球平均有 75% 的人希望更少拥有汽车和更多的汽车订阅服务，其中，美国、荷兰、西班牙为 65%，法国、意大利为 68%，英国为 69%，德国为 58%，澳大利亚为 67%，日本为 72%，中国为 75%，新西兰为 66%，新加坡为 77%③。

Zuora 是专门关注订阅模式的公司，编制了订阅经济指数（Subscription Economy Indxe）并发布“订阅经济展望”报告，该报告能够在一定程度上定量化地反映订阅模式的发展情况。Zuora 发布的《订阅经济指数 2019》显示，从该指数发布的 2012 年 1 月到 2018 年底，订阅经济中的公司收入平均增长了 321%，即 18.1% 的复合年均增速；相比之下，这期间 S&P 500 企业收入和美国零售额的平均增速分别只有 3.6% 和 3.8%，订阅活动的增速是其 5 倍多。市场需求的变化以及新模式对增长的作用吸引制造企业越来越多地采用订阅模式。英国经济学人智库 2013 年对美国、英国、澳大利亚经理人的调查发现，40% 的企业打算通过引入订阅模式来改变它们的商品和服务定价以及

---

① ［美］左霆，盖比·韦瑟特:《订阅经济：创造可持续增长的未来》，机械工业出版社，2020，第 82 页。

② Riesener, M., Doelle, C., Ebi, M., & Perau, S. (2020). Methodology for the implementation of subscription models in machinery and plant engineering. *Procedia CIRP*, *90*, 730–735.

③ Zuora, Deloitte Digital. Subscribe & Drive: How to boost monetization leveraging the subscription economy trends in the Automotive sector. February, 2023.

交付模式[①]。

三、模式剖析

制造业的订阅商业模式展现出独有特征，“能够为用户和企业创造更大的价值”成为其发展的重要推动力，同时也需要企业内外部条件的支撑。

（一）模式的特征

订阅作为一种制造业领域蓬勃发展的商业模式，具有三个显著特征。

1. 持续性的交易

在订阅模式下，企业与用户之间构成在一定时间（订阅期）内持续性的交易。在制造业传统的交易模式下，用户付费购买产品，企业向用户交付产品并一次性获得产品销售收入，此后，企业与用户之间可以不再产生有规律的联系。但是在订阅模式下，用户通过有频次的付费，获得在一定时间内企业向其持续交付产品或服务的权利。订阅交易中，商品或服务的提供具有一定的频次或保持长期的持续性，前者如制造企业定期向用户配送原材料、零部件、食物、化妆品、服装等；后者如用户持续地使用该产品或服务，制造企业提供该产品正常运转的各种技术和设施支撑。

2. 所有权的重要性降低

从本质上来说，用户购买产品和购买服务都能够实现其所需要实现的价值。也就是说，对于用户而言，企业向其交付产品还是提供

① Economist. Supply on demand: Adapting to change in consumption and delivery models, http://info.zuora.com/rs/zuora/images/EIU%20Zuora%20WEB%20Final.pdf, 2013.

能够实现产品功能的服务是无差别的。用户不一定非要获得产品的完整所有权，而只需为所需要的功能的使用权付费。在汽车座椅加热功能订阅的案例中，座椅的完整所有权包括座椅的物理结构、座椅加热功能相关的控制软件及其授权。用户购买汽车时，只获得了座椅的物理结构，实际上没有拥有包括控制软件在内的座椅完整所有权，为座椅加热付费则是获得了座椅加热软件的使用授权。由于用户不拥有产品或服务提供设施的所有权，因此也就没有与所有权相关的成本，不用承担保持产品或服务可用性相关的维护、大修、备件更换和保险等支出①。

3. 为价值付费

在传统的产品销售模式下，用户是为产品付费。在买断一项产品所有权并完整拥有产品后，该产品能够为用户实现多大的效用或创造多大的价值，取决于产品本身的性能、产品性能与用户需求的匹配程度、用户使用和维护产品的技能等多方面因素。这就意味着，一项产品为用户创造的实际价值可能低于用户的预期或用户付出的资金成本，造成用户的损失。在订阅模式下，用户是按照制造企业提供的产品或服务的不同组合支付费用，如产品或服务的种类、功能、时间等。由于用户可以灵活选择订阅时间的长短——第一次使用时往往会选择较短的时间，还有许多订阅服务提供试用服务，因此当订阅不能达到用户期望的价值时，用户就会中止订阅；只有当订阅为用户创造的价值达到期望时，订阅才能持续。所以说，订阅是对价值更准确的交换，用户是按照订阅的实际价值付费。在数字技术的支持下，制造企业能

① Smania, G.S.Arakaki, I.R.Y.Oliveira, A.F.Cauchick-Miguel, P.A.Sousa Mendes, G.H.Car subscription services: Automakers' shift towards servitized and sustainable business models. Sustainable Production and Consumption, 2023 (36): 184-193.

够精准掌握产品或服务的使用情况，实现更加精准的计费，用户则是“按用付费”。例如，在罗尔斯·罗伊斯“小时动力”的订阅模式下，航空公司只为表现良好的发动机付费。

（二）运作机制

订阅模式之所以能够出现并快速发展，是因为该模式同时满足了制造企业和用户的需求，解决了双方痛点，为双方创造了更大价值。

1. 为用户创造价值

从产品的整个使用周期来看，用户采用订阅模式的支出一般要超过一次性买断的传统模式，但订阅模式会流行开来，虽然不排除有企业不约而同转向订阅模式使用户失去一次性买断模式选择权的因素（在互联网领域已经比较明显），而更重要的是订阅能够为用户创造额外的价值。

一是进入的低门槛。一次性购买产品形成的是资本支出（capex），而订阅模式产生是运营费用（opex）。相对于高额的资本支出（工业生产设施的投资尤其巨大），订阅模式不需要或只需要少量的一次性投资，即付即用的模式只需要为得到的产品或服务付费。与一次性购买的方式不同，用户可以根据需要选择设施的配置或不同服务组合，只要选择自己需要的功能，并且灵活地选择订阅周期的长短。因此，对于作为用户的企业来说，采用订阅模式的初期投资低，使企业可以较低的成本获得生产所需要的产品或服务[①]。特别是对于严重缺少资金的初创企业来说，订阅模式可以显著减轻其资金压力，改善现金流。麦肯锡的一项调查显示，一半的受访者认为较小的前期投资（50%）和

① ［美］左霆，盖比·韦瑟特：《订阅经济：创造可持续增长的未来》，机械工业出版社，2020，第73页。

总成本的降低（45%）是选择订阅模式的首要因素[①]。

二是部署的快速性。随着技术发展，产品复杂程度不断提高，不仅产品的保养、维护和维修等工作一般的用户难以掌握，产品操作也需要付出巨大的学习成本。对复杂的工业设备，厂房的建设、设备的安装调试需要较长的周期，设备的操作、日常维护也需要花时间培养一支专门的队伍。制造企业作为产品的开发者、生产者拥有关于产品的知识优势，通过将产品以服务的形式提供，不但省去了用户安装生产设施的时间，而且可以显著降低用户的学习成本和时间成本，并减少了后续保养、维护和维修的支出。

三是转换的灵活性。在产品买断的传统模式下，用户一方面支付了产品的全部价格，另一方面往往还要进行资产专用性的投资，这些投资既包括学习特定产品使用的投入，也包括与该产品配套的其他产品或服务的投入，如生产设备、基础设施、原材料、软件等。一旦该产品不能产生应有的效益，就会造成资金浪费、转变为严重的财务负担，而为了获得新产品同样需要付出额外的巨大投资，从而限制用户在不同供应商的产品之间的转换。在传统销售模式下，客户自己承担购买后失败或错误操作的风险，而在订阅模式下，供应商越来越多地承担用户的风险[②]，用户以较低的订阅成本获得一定时间产品的使用权或基于该产品的服务，同时使用产品或服务的配套资金和人力资本投入也相对较少。如果用户不满意该产品或服务，可以在订阅期结束后取消订阅，虽然也会造成用户一定程度的损失，但是显著降低了产品

① CEChina：《订阅模式 VS 永久购买——工业软件购买模式的变革》，搜狐网，2020 年 10 月 19 日。

② Schuh，G. Frank，J. Holst，L. Müller，D. Leiting，T. Bruhns，L. Digitalization as an Enabler of Subscription Business Models in the Manufacturing Industry. in Voigt，Kai-Ingo，Müller，Julian M. Digital Business Models in Industrial Ecosystems：Lessons Learned from Industry 4.0 Across Europe. Cham，Switzerland：Springer，2021.

不符合需要造成的投资失败风险，可以更方便地在竞争性产品或服务之间转换，以较低的成本实现资源的优化配置。

四是功能升级的及时性。在一次性买断模式下，无论是硬件产品还是软件产品，用户获得所购买产品的完整所有权，如果想要获得新产品及其提供的新功能，就需要进行重新购买。在产品使用寿命长、技术迭代速度不快的情况下，产品的更新周期可以与折旧周期保持一致，基本上不会影响用户效应的实现。但是现代经济中的技术创新速度加快，特别是软件和互联网服务以极高的速度进行迭代升级，数字技术的渗透与融合也使产品成为高度数实融合的产品。如果不能及时进行产品的更新换代，对消费者来说会严重影响使用体验，对工业品来说会严重影响生产效率、产品质量和市场竞争力。在订阅模式下，制造企业可以及时对云端的设备及其软件系统进行升级，为用户提供基于最新技术、具有最优性能的服务；对于需要用户拥有使用权的硬件产品（如汽车），制造企业也可以通过软件升级提升产品的整体性能。因此，通过采用订阅模式，用户能够从制造商获得不断改进的性能[①]。

2. 为企业创造价值

制造企业从传统的一次性产品销售模式转向订阅模式，是适应市场、技术等变化的选择。总体来看，订阅模式有助于增加制造企业收入，创造更大价值。

持续和稳固的客户关系。订阅是基于客户和供应商之间长期的和

① Riesener，M.，Doelle，C.，Ebi，M.，& Perau，S.（2020）. Methodology for the implementation of subscription models in machinery and plant engineering. *Procedia CIRP*，*90*，730–735.

参与性的业务关系[①]。在一次性购买模式下，企业将产品销售给用户后，二者之间就完成了交易，除了在产品需要维修等情况下，企业与用户之间不存在直接联系。而在订阅模式下，企业和用户之间一方面存在周期性的交易，另一方面，企业需要向用户以更高的频率提供产品或服务。这就使得企业可以及时接收用户反馈，了解用户需求，掌握产品运行中存在的各种问题。特别是在提供服务的情况下，用户与企业之间通常借助互联网建立实时连接，二者之间的联系更为紧密。通过对产品和用户数据的分析，制造企业可以对产品和服务进行更有针对性的优化和调整，从而更好地满足用户需要。在订阅模式的高频互动过程中，如果用户对企业提供的产品或服务满意，就能够形成更高的用户忠诚度。

稳定可预期的经常性收入。在一次性购买模式下，生产企业为争取客户进行激烈的竞争，收入增长具有很高的不确定性。高频购买的易耗品，往往具有高度的同质性，客户很容易低成本地转向竞争对手；耐用消费品或投资品的购买频率低，即使更新性购买时，用户也会综合权衡价格、性能、兼容性等因素，而不一定会继续购买原有厂家的产品。在订阅模式下，用户会在一定时间内持续购买特定企业的产品和服务，由此为企业带来更加稳定可预期的经常性收入和现金流，有利于提升企业的整体估值，为企业扩张和成长创造更有利的条件[②]。

更高全生命周期客户价值。制造企业转向订阅模式的一个很重要

① Schuh，G.Frank，J.Holst，L.Mü ller，D.Leiting，T.Bruhns，L.Digitalization as an Enabler of Subscription Business Models in the Manufacturing Industry. in Voigt，Kai-Ingo，Mü ller，Julian M.Digital Business Models in Industrial Ecosystems：Lessons Learned from Industry 4.0 Across Europe. Cham，Switzerland：Springer，2021.

② 毛苇：《订阅经济：数字时代的商业模式变革》，电子工业出版社，2019，第 26 页。

的原因就是加工制造和产品销售的利润率太低。虽然用户一次性订阅支付的费用远远低于产品的市场售价，但是从产品使用周期或与用户长期的交易中，企业可以实现更多的收入。事实上，订阅服务的客户相对于交易性客户具有更高的保留率和终身价值①，采取订阅模式的公司的业绩表现远远超过基于产品的同行。

3. 订阅模式的强化机制

在订阅模式下，制造企业和用户形成长期的互利合作关系。制造企业通过提供并不断优化产品和服务，吸引更多用户更长期地使用；用户规模的扩大、对用户需求更准确地把握以及市场竞争压力，又能推动制造企业扩大收入、开展产品和服务创新，提供具有更好性能和功能的产品与服务，从而在制造企业和订阅用户之间形成长期的、积极的"锁定效应"②。具体来说，订阅模式的发展和强化机制如下：①制造企业开发出可供订阅的产品或服务组合，向市场推广销售；②由于订阅模式能够满足新需求或带来额外的收益，许多用户开始使用并转变为订阅用户；③通过与订阅用户保持长期合作关系，制造企业了解更多用户关于产品需求、产品使用状况的信息和数据，通过重新设计产品、再造生产流程、重构商业模式等举措，对订阅的产品或服务包进行优化升级；④订阅带来的更大价值，吸引更多用户加入，与制造企业保持更长期的紧密合作关系；⑤订阅为制造企业带来的额外收益、订阅市场需求的扩大吸引更多制造企业发展订阅模式；⑥市场竞争的压力、市场规模的扩大，推动制造企业进一步进行商业模式和产品的创新，不断推动产品或服务的改进迭代、订阅机制的优化

① Dunne, D. The Origin Of The Subscription Model. https: //www.forbes.com/sites/danadunne/2021/12/03/the-origin-of-the-subscription-model/, 2021-12-03.

② Schuh, G.Wenger, L.Stich, V.Hicking, J.Gailus, J.Outcome Economy: Subscription Business Models in Machinery and Plant Engineering. Procedia CIRP 93, 2020: 599-604.

完善。

（三）支撑条件

尽管订阅模式是一种能够实现制造企业和用户双赢、目前正在蓬勃发展的新型商业模式，但是并不意味着从传统模式转向订阅模式是轻而易举的，需要制造企业在内部做出改变，也需要外部资金和技术进步的支持。

1. 企业内部的变革

在订阅模式下，制造企业不仅要从事一次性产品交易下的产品开发、制造、营销、交付等活动，而且常常要向用户提供基于产品的服务，这一转变过程也伴随营销、结算等方式的改变。原有的产品结构、生产管理流程、营销模式、人才队伍、基础设施都不能很好地适应订阅模式，需要企业内部围绕从一次性销售向订阅模式的转变进行全方位的变革，包括制造企业对产品架构进行针对订阅模式的重新开发设计，比如增加传感器、联网功能和软件，提高产品的数字化、智能化水平；对基础设施进行升级，比如建立数字化生产系统、数据中台、工业互联网平台或电商平台；对生产流程进行柔性化、智能化改造，使其能够适应小订单甚至个性化定制的要求；基于原有生产体系和产品，构建智能化服务提供系统、客户服务系统、支付结算系统等。企业内部的这些变革，要求制造企业在原有的以产品制造为核心的能力之外培育发展起新的适应订阅的能力，从而能够持续提供产品或服务并从中获利。

2. 资金缺口的弥补

制造企业在向订阅模式转型过程中，由于支出加大和收入减少，面临巨大的资金压力。一方面，实施订阅模式需要在新技术平台、计价和财务系统、销售和营销渠道、服务提供能力、重构供应商合作模式等多个领域进行大规模的投资；另一方面，将一次性产品销售收入转变为持续性的订阅收入，意味着在订阅刚开始实施阶段由每个客户所获得的收入减少。Lah 和 Wood（2016）用一个形象的“鱼模型”说明了从产品销售模式向订阅模式转变期间企业面临的收入和成本结构变化。从图 5–2 中可以看到，在转型的开始阶段，企业的资金支出快速增长，而收入快速下降，由此形成收支缺口且不断拉大；在中期阶段，随着转型所需基础设施等各种项目建设的逐步建成，资金支出达到峰值后开始下降，而随着订阅客户的增加，收入开始快速增长，收支缺口逐步收窄；到转型结束时，收入已超过成本，订阅模式开始给企业带来持续增长的现金流。每一家制造企业要想成功地吞下这条“金融鱼”，实现向订阅模式的转型，都需要有额外的金融支持[①]。

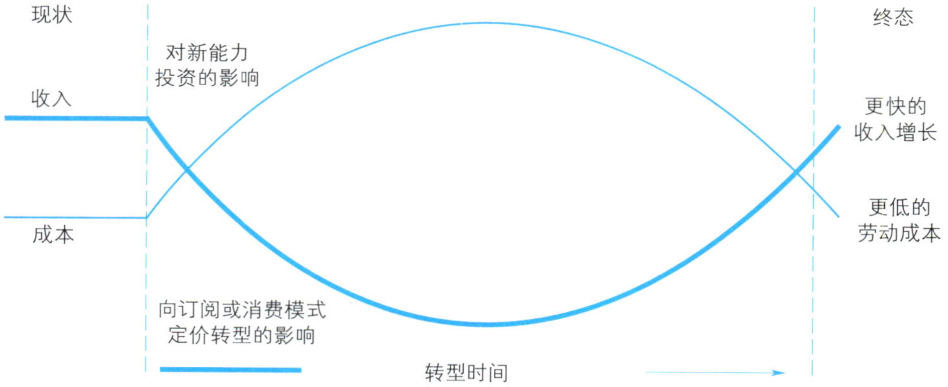

图 5–2 “鱼”模型

资料来源：Lah,T. Wood,J.B.Technology–As–A–Service Playbook：How to Grow a Profitable Subscription Business［M］.Point B,Inc.,2016.

① Lah,T.Wood,J.B.Technology–As–A–Service Playbook：How to Grow a Profitable Subscription Business. Point B,Inc.,2016.

3. 数字技术的支撑

在订阅模式下，客户不是通过一次性的交易产品获得所有权，并通过对产品的使用获得所需要的功能，而是直接从制造企业获得服务或解决方案，并根据服务的可用性、使用或结果等绩效指标进行支付。这样做的前提条件是，制造企业在整个使用阶段都能及时了解用户的需求、产品的使用状况，展示服务或解决方案能够带给用户的利益，对用户的实际使用情况进行准确计量。数字化提供了实现重复和基于性能收费的条件[①]。当用户和产品被接入制造企业的数字化生产体系后，用户使用和产品运转中的数据就能够实时传送给制造企业，制造企业通过数据分析及时掌握产品的使用情况和用户需求，并依靠数字化的、具有更高柔性的生产系统，更精准地为用户生产定制化产品和服务，从而为用户创造更多的价值。而且由于许多制造产品已经与数字技术高度融合，是物理产品与软件、网络连接、算法、数据高度融合的产品，定制化的服务需要由智能终端采集环境、状态变化和用户指令，需要本地或云端的算法、算力对数据进行处理并做出响应，因此，订阅模式的实施需要数字技术、数字基础设施的支撑，也需要推进制造系统、软件系统和产品的数字化、智能化转变。

4. 产品架构的创新

订阅模式需要向用户提供差异化甚至个性化的产品或服务，但是在传统制造业大规模生产的模式下，差异化会造成生产成本的显著增加，订阅模式的发展需要找到低成本满足用户个性化需求的

① Schuh, G.Frank, J.Holst, L.Müller, D.Leiting, T.Bruhns, L.Digitalization as an Enabler of Subscription Business Models in the Manufacturing Industry. in Voigt, Kai-Ingo, Müller, Julian M. Digital Business Models in Industrial Ecosystems: Lessons Learned from Industry 4.0 Across Europe. Cham, Switzerland: Springer, 2021.

方式。为了实现这一目标，制造企业并不需要制造大量的不同产品的变体，而是可以利用模块化的可能性和数字化的潜力[①]。在硬件订阅模式下（如汽车的座椅加热功能），制造企业制造由若干模块构成的标准化产品，某些模块的功能可以在订阅后通过软件解锁。对于非订阅用户使用的产品来说，虽然未订阅使用的模块相当于为企业增加了额外的成本，但是大规模采购、标准化制造流程可以使成本最大限度地降低。在订阅服务的模式下，制造企业可以通过软件定义实现对知识的复用与服务的自动化提供。一方面，定制化可以不依靠硬件的改变来实现，而是通过软件的适应性反应来实现，依靠软件对不同的环境、条件、用户指令进行反馈并操控硬件做出响应；另一方面，虽然用户接收到的服务是个性化的，但后台的软件或系统是标准化的，即制造企业在软件或系统层面实现了规模经济。所以有研究将订阅模式的原则概括为“先标准化，然后个性化”，个性化不是通过硬件而是可以通过软件来实现[②]。

5. 商业生态的重塑

企业之间的竞争不仅是企业本身的竞争，而且是其所处的商业生态之间的竞争。在高度专业化的现代经济中，企业只能聚焦于自己最擅长的工作，其他工作则由其商业生态系统中的合作伙伴来完成。当制造企业由一次性购买模式转向订阅模式后，需要对生产和销

① Schuh，G.Wenger，L.Stich，V.Hicking，J.Gailus，J.Outcome Economy：Subscription Business Models in Machinery and Plant Engineering. Procedia CIRP 93，2020：599-604.

② Schuh，G.Frank，J.Holst，L.M ü ller，D.Leiting，T.Bruhns，L.Digitalization as an Enabler of Subscription Business Models in the Manufacturing Industry. in Voigt，Kai-Ingo，M ü ller，Julian M.Digital Business Models in Industrial Ecosystems：Lessons Learned from Industry 4.0 Across Europe. Cham，Switzerland：Springer，2021.

售流程、基础设施、配套产品和服务等进行一系列调整，需要新的广泛领域的技能和经验加以支撑。如果制造企业自己建立这些能力，不但需要大量的资金和人员投入，而且需要一个漫长的过程，从而可能错失转型的最佳时机。制造企业没有必要完全由自己承担这些调整工作，而是可以带动整个商业生态一起适应订阅模式对基础设施、知识、技能的需求，既包括原有商业生态中企业的转型，也包括引入具有新型资源和能力的合作伙伴，从而整合形成订阅模式下新的商业生态。

四、未来展望

订阅是一种具有悠久历史的商业模式，在进入数字经济时代后在互联网领域获得了广泛的应用，制造业呈现服务化，服务呈现订阅化，订阅模式在制造业具有巨大的发展空间。从市场需求看，产品复杂性的不断提高对使用产品所需知识和技能不断增加，产业升级、消费升级带来用户需求的多样化、个性化，创新创业的活跃和社会化生产方式的兴起也要求低壁垒的生产力工具获取方式。订阅模式下，由熟悉产品设计、制造的制造企业提供专业化、个性化的产品或服务，且按照使用、绩效付费，完美地契合了市场需求的变化。从制造业发展来看，订阅模式下长期持续的客户关系、更高的全生命周期收入满足了制造企业对新的成长空间的需求，同时成功订阅模式的示范效应、企业间的竞争会进一步推动更多制造企业采用订阅模式。从外部支撑来看，新一代数字技术的发展及其与制造业的深度融合，提高了产品的开发设计、加工制造的效率和柔性化程度，产品实时在线连接、数据高效处理、服务即时提供成为可能，智能产品、软件定义增强了服务提供的规模经济性、生产效率和个性化程度。可以预见，随着订阅模式被更广泛地认知，再加上技术的发展、国家政策的支持，将会在制造业领域获得更广泛、更深度的发展，其具体的模式也将会不断地创新。

第六章 柔性制造

柔性制造是制造企业的生产线可以经济性地实现小批量、多品类产品生产的制造模式。

原先需要1000件起订的服装生产最低要求下降至100件，原先需要15天的交付期压缩至7天，这就是阿里巴巴秘密运营三年之后在2020年“千呼万唤始出来”的“犀牛智造”。犀牛制造工厂成功将交货时间缩短75%，库存降低30%，制衣用水量减少50%，运转效率达到行业平均水平的4倍。[①] 通过网络互联打通所有的生产环节，实现相互通信，犀牛制造工厂的柔性制造系统展现出工业互联网时代生产工厂的可能样貌。车间里所有的工艺流程设备全部实现联网，马达转速、频率等数据都被信息系统记录下来，进而将工人的生产效率转化为具体的数字。柔性制造系统会对各项数据指标进行监测分析，及时通知管理人员，根据订单需求推动产能调配持续优化。“犀牛智造”的愿景是成为全球最大的数字化制造基础设施，让商家像使用云计算一样使用“犀牛智造”。这一切的基础在于阿里巴巴在生产场景中应用了柔性制造技术，更重要的是“用活了”柔性制造的思维方式。

自诞生以来，柔性制造的理念便被应用在不同的制造业类型、商业模式和生产线上。当下，以5G、人工智能、大数据、云服务、边缘计算、区块链等为代表的新一代信息通信技术在数据联通、配置优化和系统安全等各个方面，为工业互联网时代的柔性制造提供了必要的软硬件技术基础，推动制造业的数字化、网络化、智能化转型，提高制造业的柔性化水平。

柔性制造不仅解决了生产端的难题，而且将生产端和消费端更加紧密地联系在一起，利用大数据技术更加精准地判断市场趋势和顾客的个性化需求，在此基础上快速进行定制化生产。“犀牛智造”可以通过阿里巴巴旗下天猫、淘宝的销售信息、浏览与搜索记录以及社交媒

① 易山:《“犀牛智造”看到的未来》,《信息化建设》2020年第9期，第1页。

体上的海量信息进行分析，把握消费需求，预测潮流动向，给出品牌商级的销售预测建议，指导品牌商生产爆款产品。

尽管“犀牛智造”作为现阶段柔性制造的经典案例离不开阿里巴巴在数据、技术等各方面的有力支持，但这并不意味着只有具有阿里巴巴级别的资金、数据量和数字化能力的企业才能拥抱柔性制造。制造企业不必追求一步到位，实现彻底的“机器换人”，即便是在有限的资金投入和技术支撑下，生产系统和供应链也能提高柔性水平，更好地适应需求变化，逐步向数字化、网络化、智能化的方向迈进。这是柔性制造在众多“工业 4.0”发展路径和思路中耀眼的闪光点。

一、制造企业柔性生产模式

（一）柔性制造的发展历程

柔性制造这一概念来源于 20 世纪 60 年代英国工程师大卫·威廉姆逊（David Williamson）对机器加工车间的改造，之后由英国 Molins 公司正式推出柔性生产制造系统（Flexible machining system），取名为“System 24”，代表这套制造系统可以全天 24 个小时持续生产。到 70 年代，柔性制造从最初的生产系统本身演变为企业组织生产管理的理念。日本丰田的“精益制造”就是柔性制造的典型实践，并逐渐确定了零库存、低成本和快速反应作为柔性制造的核心特征和要求。

数字经济的深入推进为柔性制造提供了更有力的支撑。2012 年，美国通用电气公司首次提出将“人、数据和机器连接起来”的工业互联网概念。德国于 2013 年的汉诺威工业博览会上提出“工业 4.0”，利用信息化促进产业变革的浪潮逐渐席卷全球。2017 年，日本也提出了将人、设备、系统、技术等相互连接起来的“互联工业”战略。我国早在 2002 年党的十六大上就明确提出，坚持以信息化带动工业化，以工业化促进信息化；在 2007 年党的十七大上指出，大力推进信息化和工业化融合的发展方针。习近平总书记在十九届中央政治局第二次集体学习时指出，要深入实施工业互联网创新发展战略[①]。工业互联网通过跨设备、跨系统、跨厂区、跨地区的全面互联互通，实现工业生产的资源优化、协同制造和服务延伸，重构传统工业制造体系和服务体系，催生一系列新模式新业态。在工业互联网浪潮中，实现定制化的柔性制造占据了重要地位。

柔性制造的内涵和外延随着时代的发展发生了诸多变化，但是其本质在于使一条产线可以进行多种类、小规模的生产。对于制造业企业而言，产品种类越多、销量越大，生产多种类产品所需的设计和差异化生产等边际成本就会递增，产品多样化带来的边际利润则会递减，因此企业需要在利润曲线和成本曲线之间的盈利空间内找到平衡点。柔性制造对于企业的最重要帮助就在于可以降低生产差异化产品的成本，在产品种类增加的情况下压低成本曲线的上升率，创造更大的盈利空间（如图 6–1 所示）。

所谓柔性，最重要的体现就是生产对于需求变化的应对能力。只要是在柔性生产系统的设计承受能力范围之内，应对产品要求的变化不需要对系统硬件结构进行调整，只需要通过改变原材料或零件供应以及适配不同的加工参数就可以实现，不影响制造系统的正常生产，在微观层面提升产线对订单的响应速度，在宏观层面提升企业对市场需求的适应能力。柔性生产系统从最早的“System 24”原型开始就带有与生俱来的“无人化”属性，减少不可控因素和人为干预，可以保

① 《习近平主持中共中央政治局第二次集体学习并讲话》，新华社，2017 年 12 月 9 日。

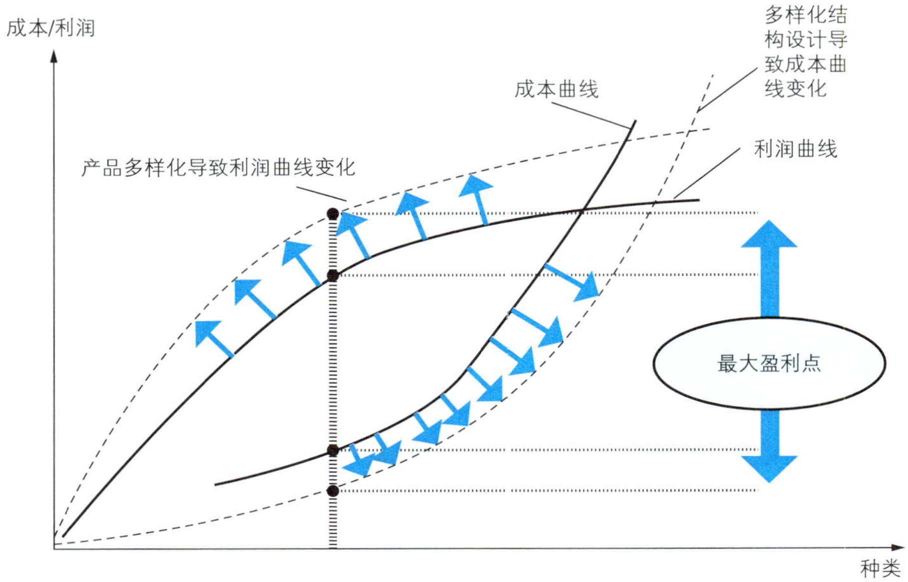

图 6-1　产品种类与成本 / 利润的平衡点

资料来源：吴昊阳．“犀牛智造”能否代表柔性制造的未来［J］．中国工业和信息化，2020，28（10）：92–95.

证产品的一致性并提高生产质量，降低残次品率，并通过流程可追溯来提高品控管理水平。

（二）柔性制造的特征

具体而言，整个生产系统的柔性化特征可以拆解成以下七个方面。

一是设备柔性，即生产设备为适应不同加工要求进行适应和调整的能力。

二是工艺柔性，即能够针对加工对象的变化调整加工工艺，不采用成批方式也能够在小批量内进行成组加工的能力。

三是产品柔性，即能够迅速且经济地生产不同产品的能力，缩短生产转换所需的时间，降低所需的成本。

四是工序柔性，即在面临堆积或故障时通过调整工序尽可能维持原有生产速度的能力。

五是批量柔性，即根据不同订单量进行生产的能力，在保持盈利的情况下可以接受的订单量要求越低，批量柔性越高。

六是扩展柔性，即针对不同的批量或工艺要求对现有生产系统进行模块化扩展的能力。

七是维护柔性，即生产系统能够排查和防范生产隐患的能力，提前进行更换或者快速维修尽可能维持生产率。

综合以上七个方面的柔性特征，柔性生产系统可以帮助企业简化生产线，提高场地利用率；提高设备利用率，提高生产效率；压缩交货周期，快速抢占市场；除去初次建造或升级投资外，降低企业在扩大产品差异化程度时的生产成本；降低生产中间库存，提高企业资金利用效率；降低生产损耗，提高产品质量；实现全流程可追溯，为持续优化生产提供可能。

（三）柔性制造系统的构成

从技术角度来看，柔性制造主要需要以下细分系统来共同实现。

一是自动加工系统，由机床等硬件设备作为基础，通过数控系统按照相应指令和要求，根据原材料或零部件选择相应工装夹具和刀具等设备进行加工。

二是自动监控系统，由传感器、摄像头、识别器等硬件设备作为基础，通过对设备状况等生产信息的数据采集，利用数字孪生等仿真技术实时反映生产状况，对生产进行实时监控、故障诊断和处理，并为相应调整和优化提供参考依据。

三是自动仓储物流系统，由智能仓储和运输机器人等硬件设备作为基础，实时监测进出生产工厂的物料和产品运输情况，实时掌握仓库内原材料、零部件、半成品、成品的数量，及时向生产现场提供物料和设备备件、运出替换下来的零部件和生产废料。

为实现上述系统，还需要搭建基础的网络和软件架构，在生产环节实现低延迟、高带宽的稳定网络覆盖，设置边缘网关对数据进行汇总、清洗、传输，通过边缘计算、云计算等技术对海量生产数据进行即时分析和处理，并引入人工智能技术，整体赋能柔性制造。

柔性生产系统可以由小到大划分为柔性制造单元（Flexible Manufacturing Cell）、柔性制造产线（Flexible Manufacturing Line）、柔性制造工厂（Flexible Manufacturing Factory）等不同层级。理想状态下，企业可以在投资建设的新厂房内提前做好柔性生产的布局规划，做好网络覆盖、设备数据打通、人员素质培训等前期配套工作。但是实际开展柔性制造不必一步到位，生产端完全可以从更小的层级开始逐步推进，从一个个制造单元的"点"开始，连成制造产线，再覆盖整个工厂，形成连点成线、由线及面的发展。在此过程中企业可以量力而行，从关键工艺流程开始逐步实现更大范围内的柔性生产。

（四）柔性制造的广义扩展与局限性

广义上的柔性制造包括狭义的柔性生产系统，将生产端和需求端更加紧密地联系在一起。柔性制造使得基于供需精准对接的个性化定制成为可能，推动诸多行业实现用户与企业产品定制服务平台的有效对接，推动用户与企业的深度交互。从需求端出发，大数据和人工智能技术将深入挖掘不同客户群体的需求，提供更具针对性的产品设计方案；在设计阶段，以电子化设计知识库、工艺知识库为支撑，应用建模技术结合客户需求快速进行产品设计和工艺设计，缩短产品设计周期；在生产阶段，利用柔性生产系统进行大规模定制，通过敏捷的供应链系统减少库存需求，力求实现刚性批量生产的效率和成本；在售后阶段，利用产品数据收集提供故障预警、及时维修更换等服务，在服务化延伸的模式下创造新的利润增长点。

与此同时，柔性制造并不是万能的，本身存在一定的局限性，需要结合企业自身情况适度发展。第一，柔性制造的应用不能帮助企业解决现有的生产技术和工艺难题，需要在理顺现有生产工艺流程的基础上进行改造，只有目前能够顺利运行的生产系统才能在柔性制造的路径下实现更加集约的效率优化。第二，柔性制造虽然可以优化供应链布局提高反应敏捷度，但前提是企业原有的供应链具备相应的原材料和零件，并且企业内部的信息流充足。第三，尽管柔性制造可以逐步推进，但是设备改造、人员培训等所需的资金成本较高，且投资回报周期较长，还可能需要进行持续磨合和优化。

二、犀牛智造：世界“灯塔工厂”

（一）建立灯塔工厂，专攻服装生产

2020 年 9 月 16 日下午，阿里巴巴举行新制造发布会，秘密运营三年、投入海量资源研发的一号工程“犀牛智造”亮相。原先需要 1000 件起订的服装生产最低要求下降至 100 件，原先需要 15 天的交付期压缩至 7 天，交货时间缩短 75%，库存降低 30%，制衣用水量减少了 50%，运转效率达到行业平均水平的 4 倍，比快时尚鼻祖——ZARA 还要快 7 天。[①]2018 年世界经济论坛制定了“灯塔工厂”的标准，评选代表全球制造业领域未来发展方向、探索第四次工业革命的标杆工厂。犀牛工厂于 2020 年第五批入选，是当时唯一一家专攻服装生产的“灯塔工厂”。

① 易山：《“犀牛智造”看到的未来》，《信息化建设》2020 年第 9 期，第 1 页。

（二）赋能现有技术，实现小单快返

过去受制于流水线的固定长度，服装生产厂商都有固定的起订批量要求，低于这个批量就无法生产。传统的服装生产模式产品批量大，品种单一，生产线上的设备参数和工艺流程相对固定，针对不同生产需求进行调整，所需的时间周期长，无法保证生产效率最大化，成本也水涨船高。如果想满足小批量的生产需求，就需要放弃自动化流水线，雇用大量有经验的裁缝让每个工人都生产成品而不是负责具体环节，按单件生产模式实现多品种的制造，但是这就倒退回了劳动分工之前的状态，自然成本更高。

在犀牛工厂的生产流水线上，灰色物料在“蜘蛛网式”的路径中沿着系统最新指定的路线，先在一个工人手里加了拉链，再在另一个工人手里多了口袋，最终缝成了一件成衣。重复 100 次，只有 100 件的订单就可以交付。①

服装生产本质上就是把平面料片进行缝合制成成衣的过程，主要包括人体数据采集、款式设计、样板打制、号型研究、布匹裁剪、裁片缝合、成衣整烫、成品检验等生产环节，智能化、数字化服装车间仍然是依照上述环节进行服装产品的生产。表面上看，“犀牛智造”的核心内容大致包括中央仓、智能仓、裁、配系统；智能导航“棋盘式吊挂”系统；数字印花技术；E-Flow 雾化洗水技术等。不过，这些看似高大上的技术对于服装企业来说并不陌生。最引人注目的服装吊挂流水线系统，早在 2008 年左右就传入内地，已经被我国众多服装生产企业所使用。数字印花技术、雾化洗水技术等也早已是成熟技术了。②以吊挂流水线系统为例，本身已经克服了更为传统的捆扎式流水线的

① 刘哲铭：《阿里“新智造”走了一条什么路》，《中国企业家》2021 年第 1 期，第 20–25 页。
② 程醉：《从“犀牛智造”看服装工厂的智能化趋势》，《中国纤检》2020 年第 11 期，第 108–111 页。

不足，可以调整生产线排位顺序和生产速率，具备一定的生产柔性。但是此前吊挂流水线系统也主要以大型服装生产企业为主，其中更有部分只是作为先进生产力代表的形象工程。

真正帮助犀牛智造脱颖而出的是基于阿里巴巴的云计算、IoT、AI、RFID（射频识别技术）等技术为工厂赋能的柔性制造系统，成功搭建起了云、端、智、造融合的新制造体系。在犀牛智造的柔性生产系统中，每一件产品从消费者下单开始就获得一个ID（身份标识号），记录了消费者要求的材料、款式、板型、交期等信息以及为实现此要求所需的工艺流程信息。智能缝纫系统统筹平缝机、上袖机、敷衬机、自动钉扣机等生产设备进行加工，智能吊挂系统则负责将服装的裁片、半成品或者成品挂在衣架上，根据生产加工工艺的要求，按照计算机设定的工序流程，自动将其送到下道工序的员工工位上。犀牛工厂首创了“棋盘式吊挂”，通过“物联网＋人工智能技术”将产前排位、生产排期、吊挂路线等选择交由AI基于生产线上的实时数据进行决策，可将吊挂衣架自动分配至相对空闲的工位，改变了过去服装工厂吊挂系统因单向流转而容易导致拥堵的问题。

整个犀牛平台都是技术与数据在驱动。每个生产设备、生产工艺乃至生产步骤都是与数字化技术融合的，计算与数据充斥于所有业务流程。犀牛智造采用了更为先进的智能设计研发系统、量体数据处理系统、智能打版与裁剪系统、智能缝制系统、智能整烫系统以及智能配送系统等。在传统生产模式下，订单产品数量减少和需求多样性的增加会导致流程重组的时间挤压有效生产时间，工人也无法及时获取不同订单需求和相应的生产工艺要求，降低了生产效率和响应时间。犀牛工厂则可以凭借极强的数据同步能力和柔性重组能力，有效解决多品种、小数量生产时所面临的工艺柔性低、适应性差等问题，并依托人工智能决策体系对服装产线进行整体规划，消除中间冗余环节和等待时间，提升各个工段之间信息和物流的传递效率，进而提高生产效率。

（三）需求驱动生产，推动行业赋能

除了柔性制造之外，阿里巴巴追求的“新制造”还在于柔性制造使得需求驱动不再是一句口号，而是能够切实和生产端更加紧密地结合在一起。阿里巴巴在开展 C2M 业务时清醒地意识到，需求就是火车头，自然是先瞄准市场和消费者，如果火车头不坚定，市场不拥抱消费者，那么需求就不复存在，没有需求自然就没有生产。

犀牛智造还不是完全的个性化定制，只是对供需关系的精准匹配。犀牛智造可以通过阿里巴巴旗下天猫、淘宝的销售信息、浏览与搜索记录以及社交媒体上的海量信息进行分析，把握消费需求，预测潮流动向，给出品牌商级的销售预测建议，指导品牌商生产爆款产品。

目前“犀牛智造”还只是围绕阿里巴巴的生态做一些数字化闭环，但是阿里巴巴也在野心勃勃地希望能够逐渐扩大闭环覆盖的生态圈。如果未来犀牛智造真的成长为一个大型服装企业平台，那么或许可以被理解为服务整个中国服装行业的超大 ERP 系统。理论上讲，只要犀牛智造的算法足够优秀，数据足够全面，就有可能形成极强的市场预测、生产计划以及生产资料统筹分配能力。

从犀牛制造工厂的案例来看，制约服装企业智能化、数字化改造升级的主要瓶颈并不是技术问题。尽管阿里巴巴在分析市场需求时可以利用的数据，远非一般服装企业可以比拟，但是在柔性生产升级改造方面还存在企业融资困难、融资成本高、投入资金量过大、企业改造愿望不强等问题。目前的服装生产线大都采用大批量生产的流水线模式，追求产量的生产方式、习惯和制度已经形成了极大的惯性，让服装制造企业放弃目前的生产方式不仅在客观层面将带来巨大的经营风险，也在企业运营和管理的层面存在一定阻力。因此在现有生产模式中由点到线地开展逐步改造更为现实，既可以结合企业实际量力而行，也可以在前期试点成功的情况下鼓励经营者加快后续改造步伐。"犀牛智造"平台的外溢效应不仅停留在模范效应层面，也可以在实际生产层面赋能并整合现有的其他生产线，以工厂为单位实现柔性制造在更大范围内的"由点及面"式普及。

三、未来展望

推动柔性制造的发展需要企业经营者有足够的决心和把控能力，在持续投入的同时维持好企业的正常生产和运营。柔性制造所需的前期工作也可以帮助企业梳理目前所面临的难点痛点，找准问题，对症下药。围绕柔性制造的改造和建立工作道阻且长，但是成功之后将给企业带来巨大的回报，在推动中国制造业高质量发展中发挥更大作用。

（一）突破中国制造业发展瓶颈

柔性制造使企业有能力利用相同的资源灵活地生产差异化产品，能够帮助企业在竞争中处于优势地位。甚至有观点认为，先进工业国家保持竞争力的最核心要素就是在柔性制造发展上的领先地位。柔性制造可以提高企业应对外部环境突变的能力，快速而经济地适应环境变化，处理环境不确定性带来的风险。自改革开放以来中国制造业融入全球产业链条，但还是以劳动密集型产业为主，依靠劳动力价格优势抢占市场。尽管近些年来制造业转型升级取得了一定成效，但是中国在全球产业链上的总体位置仍旧和欧、美、日等发达经济体存在较大差距。在制造业企业长期面临用工难、用工贵等问题且劳动力成本持续攀升的大背景下，利用柔性制造系统的数字化和智能化进一步推进生产线的无人化是中国制造业转型升级的必经之路。无论未来全球产业格局如何变化，价格永远是重要的竞争工具。但是未来中国制造业的价格优势无法再建立在劳动力价格基础上，必然需要找到新的成本控制方法。柔性制造可以帮助企业降低生产不同需求产品的转换成本，从而降低产品滞销、减少库存、提高资金使用效率，通过柔性制造在生产系统和组织管理上的进步获得竞争优势。只有这样才能在面对欧、美、日等先发国家和地区时在同等质量下保持价格优势，在面对印度、越南等后发国家时在同等价格和生产规模上获得多样性和快速反应优势，在国际产业竞争中立于不败之地。

（二）重视组织架构调整

尽管当下柔性制造的发展高度依赖于新一代信息通信技术的成熟和普及，但是在企业发展战略、管理制度、商业模式等组织架构方面的调整才是柔性制造这一发展路径和思路更为重要的方面。牛津大学全球与区域研究学院的 Hugh Whittaker 教授联合全球多国学者一起提出了“压缩发展（Compressed Development）”的概念，其中着重描述了技术与组织架构之间的关系。技术突破是关键的星星之火，真正让新技术创造出商业和社会价值形成燎原之势的是组织方面的调整。柔性制造所依赖的 5G 网络、人工智能、大数据、边缘计算、云平台、区块链等技术都已经日渐成熟，但如果单纯追求先进技术的运用，往往会和企业自身的需求背道而驰，影响企业的发展。真正的挑战不在于技术层面，而在于企业如何运用、整合好这些技术，基于柔性制造系统和组织管理形成制造业新模式，创造出更多的价值。

（三）国家政策大力扶持

柔性制造是近年来我国大力支持的制造业新模式，国家层面出台了诸多政策对柔性制造进行培育和扶持。由国家发展改革委与工业和信息化部等 15 部门印发的《关于推动先进制造业和现代服务业深度融合发展的实施意见》明确指出，要推广柔性化定制，通过体验互动、在线设计等方式，增强定制设计能力，加强零件标准化、配件精细化、部件模块化管理，实现以用户为中心的定制和按需灵活生产。工业和信息化部印发的《工业互联网创新发展行动计划（2021—2023 年）》再次强调要推广个性化定制，鼓励消费品、汽车、钢铁等行业企业基于用户数据分析挖掘个性需求，打造模块化组合、大规模混线生产等柔性生产体系，促进消费互联网与工业互联网打通，推广需求驱动、柔性制造、供应链协同的新模式。着眼未来的制造业新模式，要用好、用活柔性制造的相关技术和理念，形成制造业未来发展的新驱动力，以制造业高质量发展推动中国式现代化。

第七章

软件定义制造

软件定义制造是指将研发设计、生产制造、经营管理、运维服务、物流采购等全价值链、全产业链、全生命周期、全商业生态中企业所积累的生产技术、知识、规律的模型化、代码化、工具化，使得工业软件能够描述、集成、模拟、加速、放大、优化、创新传统生产制造的过程，让软件成为机器的大脑和灵魂，控制生产过程，并实现智能制造模式。

软件是新一代信息技术的灵魂，是工业化长期积累的工业知识与诀窍的结晶，是工业化进程中不可缺少的核心产品。工业软件可以提升制造的数字化、智能化水平，深刻影响产品结构、制造业态。因此，软件定义制造是指让软件成为生产机器的大脑和灵魂，工业数据可以控制生产过程，使得智能制造模式逐渐成为现实。软件定义制造已经成为数字经济条件下服务型制造发展的重要支撑与核心动力。一方面，软件定义生产。数字化的工厂 / 车间运行着制造企业生产执行系统（MES）、企业资源计划系统（ERP）、产品生命周期管理系统（PLM）等许多软件系统，智能化设备包含专用性的嵌入式软件。企业的生产工艺、生产布局、生产设备、制造流程和运营服务等都能够一一映射到虚拟生产环境中[①]，通过构建深度学习算法并融合加工制造过程中积累的海量数据，人工智能系统就能够发现依靠人脑无法发现的规律。另一方面，软件定义产品。具体表现在，软件可以实现产品的功能，甚至可以优化产品的功能。软件可以取代机械部件、电子元件等物理实体来实现相同甚至更优的功能，同时由于物理结构复杂性的降低带来了生产成本的显著下降。[②] 由于工业软件的灵活性、易扩展性，产品中嵌入的软件代码不断增加，软件的作用不断强化，在产品价值中的占比不断提高。

一、以软件为制造中心的智能制造模式

软件并不能真正“定义”制造。但是，软件可以提升制造的数字化、智能化水平，深刻影响产品结构、制造业态。硬件与软件是相辅

① 安筱鹏：《重构：数字化转型的逻辑》，电子工业出版社，2019。

② 安筱鹏：《重构：数字化转型的逻辑》，电子工业出版社，2019。

相成的关系，软件、芯片、互联网等数字化软 / 硬件设备，都是新型的工业要素，尤其在数字经济条件下，这些要素的重要性愈发凸显。

软件定义制造并不是新鲜事物。从个人电脑到智能手机，再到智能汽车，在庞杂如烟海浩渺般的制造业体系中，软件开始主导一些细分领域的发展，并且呈现出鲜明的特征。根据中国工业技术软件化产业联盟发布的《工业软件白皮书》，工业软件的分类繁多，但可以从两个视角来观察软件如何影响制造业的发展。第一个是产业链分工视角。工业软件应用于工业各个业务流程环节，不同的工业软件对应着不同的工艺流程环节。不管是用于产品设计的工具类软件，还是面向行业参数库的知识类软件，又或是非嵌入式的 ERP 等业务类软件，都服务于研发、生产、管理、售后等价值链环节，尤其在航空航天、汽车制造等复杂产品的设计、验证、制造、维护过程中，计算机辅助设计（CAD）/ 计算机辅助工程（CAE）/ 电子设计自动化（EDA）等研发设计软件、生产执行系统（MES）/ 图像处理软件（PS）等生产制造软件，能够帮助企业设计产品的每一个零部件，并进行局部装配、优化工艺，并把设计出来的产品，通过软件进行仿真分析，来验证其是否达到规定的要求，大量节约样机验证和后期试验的成本。第二个是产品控制视角。代表性的软件就是微软的视窗系统和谷歌的安卓系统，与一般工业嵌入式软件不同的是，这两个软件是典型的平台系统，具有兼容开放的特征，其他应用软件可以在这两个平台上安装应用。从产业设计的角度看，个人计算机的结构以及包括芯片在内的零部件设计都需要与操作系统协同发展，才能够提升产品整体性能，使用户获得良好的使用体验。当前汽车产业正围绕“软件定义汽车”开展转型升级，未来汽车的硬件价值可能将慢慢地弱于软件价值，软件订阅、按需收费服务等在智能手机上频繁运用的商业模式，开始被越来越多的车企应用在自动驾驶领域。汽车企业可能会由硬件（汽车）销售商逐步转向软件及订阅收费服务商，利润来源也软硬两方面兼收，甚至逐步由硬及软。以特斯拉为例，预计到 2025 年，控制系统将创造近 70 亿美元的营业收入，占整体收入的 9%，并将贡献 25% 的利润。

软件的主导性逐渐延伸至多个制造领域。首先，软件的功能越来越强大。在工业领域，“软件”的概念不仅是指 CAD 等工业设计软件、MATLAB 等商业数字软件、Pro/E 等建模仿真软件，更主要是指具有学习和智能功能的控制系统软件。当谈及利用工业互联网、人工智能、大数据等来推动制造业转型升级时，就应该意识到这些概念最内核的东西就是工业软件。工业芯片和工业软件同样重要，如果遭遇“卡脖子”的是工业软件，那么芯片和集成电路就会成为一堆硅土。随着数字化、网络化和智能化的深入发展，中国制造正在向智能制造迅速转型。在新型工业化过程中，核心工业软件必将发挥出强大的功能，成为有效的转型支撑。其次，软件将主导更多行业领域。工业软件具有动态发展特征，其中最为重要的是研发设计软件，工业精密零部件的设计离不开工业软件的支持。但工业软件正向着开放、集成、智能和标准化的方向发展，越来越广泛地运用在数字制造、智能产品上。在标准化、集成化程度较高的行业领域，更加容易基于工业软件实现数字化和智能化。例如，个人电脑、智能手机、智能汽车等行业模块化程度较高，工业软件已经开始“定义”制造过程和产品形态。未来，除了传统的工程技术领域，软件的应用必将扩大到经济、生活、家居等众多领域。

二、软件定义制造的发展前景

在过去，软件曾经定义过个人电脑和智能手机产品，现在软件正在定义智能汽车产品，未来依托工业互联网，软件可能定义更广泛的工业产品和工业领域。硬件和软件分离已经成为一种常态。在现实中，IBM 等电脑工厂生产硬件产品，还有很多以程序员为代表的知识型员工群体在编制软件产品，软件不再是单纯的服务形态，而是作为一种实实在在的产品呈现在用户面前。更加不可思议的是，在整个产业链的分工体系中，软件的主导作用或者垄断能力远远超过了产业组织相对分散的零部件供应商（除了芯片），以视窗系统等为代表的软件企业开始“定义”和引领产业发展。

进入移动互联时代，联发科在芯片领域的市场地位远远不如高通，“山寨”的形象深入人心，但是联发科采取稳健策略，从低端切入智能手机市场，成功实现逆袭。因此，从业者提出了“联发科时刻”这一概念。“联发科时刻”可以理解为市场上已有领先企业构建的闭环生态，新的进入者想要破局，需要共建一个开放的生态，降低进入门槛和成本，以量取胜提升市场活力。因此，“联发科时刻”比喻在数码产品领域产生创新引领者之后，一个处于跟随地位的企业，在突破核心技术后选择另外一条有别于封闭生态圈的商业路线，开放技术平台接口，建立更加开放的数字产品生态圈。

数字孪生更是提升了工业领域“软件定义制造”的水平。数字孪生是任何物理实体、物理流程和服务在虚拟环境中的虚拟投射、映射，每个实体的数字孪生都能精确地模拟它的实体。构建数字孪生，需要将跟物理实体相关的所有数据源导入数字孪生的模型中，厘清数据源和实体之间的关系，同时需要将此数据叠加到三维视觉模型上，然后创建出一个视觉化、立体可见的虚拟孪生体。以法国达索软件为例，可以构建 10^{-6}～10^{9} 厘米的工业孪生体，并且具备领先的工业仿真验证技术，依托仿真分析平台进行虚拟验证，减少了样机或样件的试制，从而大幅缩短研发周期（平均缩短约 1/3），并节约人员、设备及材料等的投入。工业企业可利用达索的工业仿真验证数字化环境，为产品技术验证与参数调校，提供低成本、三维可视化的虚拟试验环境。国内外其他软件企业也在积极探索，尝试利用数字孪生优化工业运营，将人工智能与机器学习引入广泛的应用场景中。随着人工智能开始在流程控制与流程建模中发挥关键作用，进而被应用于工程仿真的各个层面，整个制造业也有望在产量、质量和效率等方面迎来一轮颠覆性升级。

毕竟，不是所有的工业领域都像个人电脑、智能手机、智能汽车行业那样可以实现高度的标准化、模块化、集成化，能够真正让软件起到主导行业发展的作用。但是，随着制造业智能化水平的提升，工业软件或者控制系统的作用愈发凸显，要想提升各个智能装备的网络化集成化水平，提升各个智能终端的持续升级能力，“软件”必将在智能制造升级和新型工业化过程中发挥重要作用。

三、智能汽车行业的软件定义制造实践

随着数字技术在产业领域的广泛渗透，“软件定义制造”的发展趋势越来越明显，其中，智能汽车行业领域已经出现明显的“软件定义制造”特征，例如特斯拉作为一个完全没有汽车行业背景的全新制造企业脱颖而出，所仰仗的就是其软件技术优势。

（一）制造模式的差异化

特斯拉恰如新能源汽车领域的苹果手机，在汽车电动化的上半场“大显身手”。而智能网联化的下半场却出现了“联发科时刻”，智能化将成为电动汽车最具爆发力的核心价值所在。软件定义汽车

的前提是，智能汽车采用了与原有的汽车制造企业完全不同的制造模式，并正在从“复杂汽车＋简单软件”模式向“简单汽车＋复杂软件”模式的转换。智能电动汽车可以拆解为智能电动车车体、智能驾驶系统、营销和用户运营三项核心功能，即让车能跑起来，让车能自己跑起来，让车能触达用户。为了实现“让天下没有难造的汽车”，最先被解决的需求是“让车能自己跑起来”，目前行业内约有 20 家企业可以提供系统性的辅助驾驶能力，除了华为高阶智能驾驶系统（ADS）、百度阿波罗（Apollo）、地平线等，还有传统的一级供应商如博世（BOSCH）、安波福（Aptiv）、采埃孚集团（ZF）等。这些企业具备了两大核心能力。一是提供专属操作系统的能力。由于整车厂寻求品牌的差异化，需要供应商为其提供专属操作系统，而又由于 AGL 等开源车载操作系统的存在[①]，为定制操作系统提供了基础平台，因此软件供应商应至少具备定制操作系统的能力，为整车厂提供差异化产品。二是提供座舱域控制器解决方案（计算平台）的能力。这是智能汽车制造企业敢于围绕“数据决定体验、软件定义汽车”的核心来颠覆既有认知的根本所在。当汽车产品的核心部件由动力和操控传动系统转向自动驾驶的智能软件系统后，软件而非传统硬件接管和重新定义了汽车产品。

智能汽车基于“三电”[②]硬件结构变得更简单，而基于操作系统的智能驾驶功能变得更加复杂，产品制造的主导权正在由硬件转向软件。软件已成为未来车辆差异化竞争的核心，到 2030 年软件在消费者感知价值中的占比将达 60%。那些在数字技术领域拥有核心能力的企业开始进

① 即全程 Automotive Grade Linux，一款基于开放源代码的移动操作系统。Linux 基金会宣布推出可定制、开源的车载系统平台 Automotive Grade Linux，旨在成为未来车载系统开源标准平台。

② 此处指电机、电池和电控系统。

入智能汽车领域，先有百度、阿里巴巴，后有苹果、富士康、小米等具有先天优势的企业着手造车，这些企业发力的方向更加聚焦于网联化、智能化，可以大量运用人工智能、大数据等数字技术，提供体验完全不同的智能终端产品，而不仅仅满足于用新能源电池代替传统燃油。

（二）像造手机那样造车

随着“下一代汽车”走入现实生活，软件将为汽车注入新的灵魂。电动汽车架构简单、集中，软件和硬件可以实现分离，在软件定义汽车的浪潮下，汽车开始被看作与手机、电脑一样的智能终端。汽车将从一个“硬件为主”的工业产品，成为一个自学习、自进化、自成长的“软硬兼备”的智能化终端，成为一个会行走的“智慧新物种”。软件已成为现代车辆差异化竞争的核心，具体包括无人驾驶 / 高级驾驶辅助系统（AD/ADAS）、车身和舒适系统、底盘控制系统、信息娱乐和互联系统、动力系统。其中，ADAS 功能作为软件开发成本的主要驱动因素，占总成本的 45%。软件定义汽车有望成为未来智能电动汽车领域的新方向，只有实现软件定义制造的企业才能在复杂多变的市场中持续捕获价值。

目前，智能汽车定义尚未完全明确，真正的智能汽车应该是能够用软件定义、可以不断学习和成长的汽车产品。传统车企、造车新势力和科技公司紧抓新一代消费者需求趋势，集聚前沿尖端技术，将智能网联汽车打造为新型智能终端产品，提升消费者驾乘体验。新能源汽车的产业链越来越接近于智能手机，各个厂商可以像制造智能手机那样制造汽车。科技企业或造车新势力只需要给出整车设计方案，车体硬件采用代工模式，互联网企业则主要负责操作系统和软件。互联网企业自身在智能电动汽车领域具备先天优势，使其有敢于尝试造车的底气，例如百度阿波罗系统在软件生态上面具备完整链条生态技术，小米拥有业内最丰富的软硬件融合经验、大量的关键技术积累和业内规模最大、连接最活跃的成熟智能产业生态。

（三）软件成为产业链的关键环节

除了芯片、车体硬件，操作系统、应用软件成为构成智能汽车及其实现自动驾驶功能关键的部件。基于空中下载技术（OTA，Over-The-Air Technology），智能终端可以通过移动通信的无线接口，实现整车全域的软硬件远程更新下载，例如续航里程提升、提高最高车速等功能，从而提高车辆各方面的性能。

1. 操作系统

汽车操作系统主要分为安全相关的车控操作系统和与用户体验相关的车载操作系统两大部分。其中，车载操作系统应用于导航、娱乐、语音等。底层车载操作系统形成实时操作系统（QNX）、Linux、安卓系统（Android）三大阵营。QNX、Linux 是车载操作系统的鼻祖。QNX 具有安全性高等优点，主要用于仪表控制，但并不开源，占据约 49% 的市场份额。与 QNX 相比，Linux 为免费的开源系统，具备定制开发灵活、成本较低等特点，主要应用于信息娱乐系统。安卓系统是基于 Linux 系统内核开发而来，应用生态优于前两者。国内企业也纷纷加入操作系统竞争市场，阿里巴巴基于 Linux 系统内核开发出 AliOS，上汽荣威所搭载的斑马智行系统即基于 AliOS 打造。此外，还有同样基于 Linux 的鸿蒙系统。既然软件是产品的核心竞争力，各个车企也不甘于成为系统平台的附庸，或者被其他企业所“定义”。大部分车企会在底层操作系统基础之上，进行定制化开发其专属的车载操作系统。例如基于 QNX 底层操作系统的企业有福特、奔驰、奥迪、宝马、大众、沃尔沃等，基于 Linux 底层操作系统的车企有特斯拉、丰田、雪佛兰等。

2. 应用程序

以各种 App 为代表，智能汽车应用程序种类繁多，主要由众多互联网公司及相应的细分行业厂商提供。除了传感器产生的行车工况数据（包括操控、使用、工况、性能数据），导航系统生成大量的环境数据，应用程序也可以产生大量的用户数据。工况数据对汽车品质及技术提升、后市场维护以及后续车型开发意义重大。环境数据可用来提高地图的准确性，达到实时更新，以满足高级自动驾驶阶段对高精度地图数据的需求。用户与车辆之间的交互产生了大量的娱乐、社交、购物等用户数据，企业可利用这些数据，为用户提供数据增值服务。行车工况数据关系车辆行驶安全，目前牢牢掌控在车企手中。地图数据主要由地图商和车企共享，而基于车联网平台形成大量用户数据是未来增值服务的核心部分。最终以上三部分汇总形成大数据，基于数据实现“软件定义汽车”。

3. 增值市场

以特斯拉为例，可以提供按月订阅的自动驾驶服务。传统汽车量产后软件基本就不再发生变化，但对自动驾驶软件而言却是要能持续更新。因为自动驾驶基于深度学习，需要持续不断收集用户数据，不停迭代算法。在自动驾驶测试过程中各类传感器、摄像头、激光雷达、毫米波雷达会产生大量数据，每天每车数据量会达到 TB（百万兆字节）级别。自动驾驶软件升级的过程是数据驱动的端到端流程，首先车端的数据会被采集，集中存储或者放在云上的自动驾驶数据湖里，将数据湖里的数据进一步做预处理和分析，然后对处理和清洗过的数据进行标注，训练自动驾驶的机器学习模型。模型一旦开发出来，将通过仿真和验证进行测试，通过验证后就会部署到车辆上。

有了 OTA 技术的支撑，汽车交易模式也发生新变化。汽车企业纷纷推出软件订阅和按需服务的概念，也是为了最大限度地挖掘汽车全生命周期的价值。传统模式的“交付”是一次性的，而新模式下的交付是汽车后服务市场的开始，软件服务收费才是汽车行业未来最核心的商业模式。特斯拉的全自动驾驶选装包（Autopilot FSD）就是一个增值产品，如果用户不想一步到位，可以像在手机应用商店购买单项应用一样，购买部分功能包。典型产品之一就是百公里加速性能升级包（Acceleration Boost），Model Y 车型车主只要付费 2000 美元，加速时间就可以从原来的 5 秒提升至 4.2 秒。蔚来也推出了 NAD（NIO Autonomous Driving）完整功能“按月开通、按月付费”的服务订阅模式，这些企业转向车辆全生命周期的服务，数据及其背后可挖掘的隐藏价值才是未来智能网联汽车利润的核心。上海零束提供面向服务的架构（SOA）软件平台，车企将不只是生产制造汽车，还将晋级为移动出行服务供应商，能够向用户提供全生命周期的软件服务，通过软件的开发、配置、迭代，来满足用户多种多样的用车需求；用户能通过软件设置汽车产品的不同功能，甚至根据个人喜好强化特定性能，享受可订阅式服务；在汽车企业和用户开放硬件和数据的基础上，第三方开发者可以针对多样化的应用场景开发多样化的软件，既为用户和汽车厂家创造价值，也获得自身收益。

总之，软件企业不断融入汽车产业，垂直产业链开始向网状生态圈演变，汽车产业正在经历深刻变革，电动化只是序幕，智能网联才是真正的未来和核心价值所在。

（四）因“软件”而生的新产业

“软件定义汽车”还带动了其他新兴产业的发展。随着车载显示屏幕朝着大尺寸、多屏化方向发展，车载显示面板市场仍将持续增长，已经成为千亿级的新兴行业。与此相对应，车载信息娱乐系统（即中控屏 + 车载信息系统）逐渐成了一个综合平台，集成了车载影视、倒车影像、与智能手机互联的投影模式、多媒体、WiFi、蓝牙、辅助泊车等功能。苹果公司的CarPlay能够与车辆深度绑定，车主能够通过CarPlay控制车内的每一块屏幕，驾驶员无须离开CarPlay界面即可更改温度设置、使用有声读物、新闻、播客等应用程序并调节汽车收音机，还可获取车辆数据，显示行驶速度、燃油余量、车内温度等仪表信息。此外，还有显示车辆电量电压、联网情况、导航信息、预警信息等数据的驾驶信息显示系统、流媒体后视镜、后排液晶显示等新的智能汽车零部件。

为适应新的模式，成功打造软件驱动的产品，各个企业需要与竞争对手、供应商和技术公司建立平等的合作伙伴关系，以实现降低技术复杂性、填补人才缺口和减少前期投入成本的目的。随着智能汽车产业体系的成熟，以智能汽车软件、车联网、智慧交通信息服务为主导，着力突破自动驾驶、智能座舱、数字系统软件核心技术，在软件开发架构、汽车基础软件、控制算法、嵌入式系统、网络通信软件、测试工具、高精地图以及汽车应用软件等领域会形成新的龙头企业和产业集群。

四、未来展望

从历史经验看，先进工业体与工业软件企业相伴相生。作为全球制造大国，当前我国工业软件的发展与工业产值严重不匹配，中国企业的软件自主化程度甚至比芯片和操作系统还要更低。例如工业设计软件领域达索、西门子等国外软件企业具有明显优势，国内的广联达、神舟航天、中望软件等国产工业软件引领者，也正在加速成长。

在迈向新型工业化的过程中，中国制造实现向中国“智造”的跨越需要跨过的“知识鸿沟”就是工业软件。软件并不能完全“定义”制造，但是软件可以提升制造的高端化、智能化水平。随着越来越多的工业领域为软件所定义，智能制造的产业形态就会加速形成。值得注意的是，软件的本质是工业化长期积累的工业知识与诀窍的结晶，而不仅仅具有互联网技术软件属性，也不是程序员就能解决的问题。推动软件产业（包括工业软件和系统软件）的发展，一是要深化融合应用。面向经济社会数字化转型的重大需求，推进各行业、各领域知识和技术的软件化，强化软件定义在工业互联网、大数据、人工智能、智能网联汽车等新兴领域的推广应用，促进实体经济的数字化、网络化、智能化转型。二是要突破核心技术。加强软件工程方法、底层算法等基础理论创新，以应用场景为牵引，深化产学研用的合作，推动行业、企业与软件企业构建协同联动的创新网络，创造一批核心关键软件，推动产业价值链迈向中高端。三是要培育新型生态。引导优势企业强强联合，培育一批具有品牌和市场影响力的大型软件企业，推动产业链上下游协同发展和跨领域价值链横向扩展，发展具有生态构建能力的平台型软件企业，促进大中小企业融通发展。积极培育开源社区、开源基金会等开源载体，汇聚海内外高层次人才，助力工业软件产业的发展。

第八章
虚拟制造

虚拟制造是基于工业知识与计算机仿真、建模等信息技术，数字化模拟产品结构、制造和装配过程以及检验检测过程并实现快速升级迭代的生产模式。

开发和制造一款双发宽体中远程喷气式飞机难不难？技术上，需要满足以下条件：①高性能发动机，其动力足以将百吨重的飞机送上天，且要充分考虑起飞重量会随着速度的变动翻倍增加；②一套性能稳定的传动系统，保障飞机平稳运行，保证启动、制动和各种翻转运动顺利实现；③机体结构足够合理和材料性能足够稳定，以保证在高空低温、风雪雷电等恶劣环境中安全飞行。同样是交通工具，制造飞机的技术难度比制造同等规模的陆地交通工具和水上交通工具难度要高，因为但凡能运动的产品，都需要考虑动力学原理，汽车、火车需要根据陆地环境考虑摩擦力和部分空气动力，轮船、潜艇要考虑水的压力和浮力，而飞机要考虑的是看不见摸不着的空气动力，这要求制造商要保证飞机的体积、重量、结构满足各种空气动力条件下安全飞行要求。从市场上看，能商用的客机需要：①满足低噪音、舒适度等乘客需求；②考虑停机坪的大小等外部条件；③经济性，速度、航程、油耗、载客量、安全性方面综合性能更加优异，以保证航空公司愿意花钱或租或买这款飞机。

20 世纪 80 年代末至 90 年代初，双发宽体中远程喷气式飞机诞生之初，模块化在复杂产品制造中得到了广泛应用，飞机制造商的开发和制造难点从核心零部件、核心元器件以及新材料的研发转移到整机设计、部件测试、整机装配以及各种环境下的试飞等集成能力上来。研发和制造大飞机面临诸多挑战：一是协调全球 17 个国家 300 多家供应商，装配 300 万个零部件需要对零部件的性能提出精准的要求，一旦出错，代价极高，因为每个零部件造价不菲，而且专用性极强难以应用于其他地方；二是生产方式不断变化，布局优化的需求很大，但是巨大的生产线布局很难观测全局，优化布局难度太大；三是研发出来的原型机风洞成功率低，损失巨大。自 20 世纪 90 年代以来只有空客和波音成功将大飞机商业化；制造业大国日本也试图挤进民航市场，但历经 15 年的努力，以失败告终。

虚拟制造技术在研发阶段通过可视化技术模拟数字原型机、装配过程以及模拟飞行的各类环境，可以测试数字原型机的物理甚至化学反应，借以预测评价产品的性能和产品的可制造性，提高产品制造阶段和测试阶段的成功率，降低物质损失。与此同时，可视化带来的另外一个结果是让组织者能更有效地组织生产和科学决策，提高组织能力和决策水平，节省人力成本。20 世纪 90 年代初，波音将虚拟制造技术引入波音 777 的研发和制造中，使得波音 777 从研发到交付仅用了 4 年，将同为双发宽体中远程喷气式飞机的开发时间缩短了一半；通过降低风洞试验失败概率减少开发成本。虚拟制造技术产生之前，新机型的风洞试验很少有一次性成功的，波音 777 则是一次性通过测试，大幅度降低了成本。如今，虚拟制造已经被广泛应用于飞机、航天器、汽车、高铁、船舶、手机等复杂产品的新品开发和加工制造。

一、基于计算机技术实现制造的方式

（一）什么是虚拟制造

虚拟制造是基于计算机仿真、建模等计算机技术，于产品制造之前在计算机上实现新产品的制造过程、装配过程以及检测过程可视化的一种综合系统制造技术。虚拟制造是“在计算机上实现制造的本质内容”[①]，虽然是虚拟的产品、工艺、制造和装配流程以及测试，但是虚拟产品的性能参数、制造过程参数、各类环境参数以及产品与环境反

① 肖田元：《虚拟制造研究进展与展望》，《系统仿真学报》2004 年第 16 卷第 9 期，第 1879 页。

应的参数与现实产品、产品的制造过程以及测试过程是一一对应关系（肖田元，2004）。虚拟制造应用的目的是在“产品设计阶段”，通过计算机实现产品、工艺和制造过程与测试过程的可视化，“模拟出产品未来制造过程乃至产品全生命周期的各种活动对产品设计的影响，并预测及评价产品性能和产品的可制造性，从而更有效、更经济和更柔性地组织生产，增强决策和控制能力，有力地减少由于前期设计给后期制造带来的回溯更改，达到产品的开发周期和成本最小化、产品设计质量的最优化和生产效率的最大化”[①]（周祖德、陈幼平等，2005）。

（二）虚拟制造的特点

1. 知识密集性

虚拟制造是在行业知识、数据积累的基础上建立数字化仿真模型，仿真模型通过计算机真实再现产品、产品的生产过程以及测试过程，能够重现现实世界中特定产业的科学、技术规律。虚拟制造不仅要模拟各类零部件、元器件、加工设备等静态产品，还要模拟各类元器件、零部件在生产线上变成产品的过程，以及产品在各类环境下的反应等动态过程，这需要制造知识以及物理、化学等科学知识的支撑。这些知识包括：①产品结构以及各类功能件等产品本身的知识；②制造过程中大量基础工艺知识，包括铸造、锻压、焊接、热处理、表面保护、机械加工等基础工艺类知识；③元器件、零部件在加工过程中，以及产品在各类环境下的物理化学反应等科学规律类知识。

虚拟制造的价值还在于驱动科学知识的积累。众所周知，科学知识存在“现象观察—理论假说—理论验证”的发现规律，而虚拟制造可以在现象观察和理论验证两方面为科学知识提供支持。虚拟制造可

① 周祖德，陈幼平等：《虚拟现实与虚拟制造》，湖北科学技术出版社，2005。

以将高温高寒、太空等恶劣环境下物体的物理化学反应可视化，从而使人类能够观测到更多的细节，为理论假说的提出提供更多素材；同样地，虚拟制造可以模拟人类无法触及的环境，从而使很多停留在理论假说层面的科学规律有了进一步推进的可能，比如宇宙大爆炸理论。因此知识推动虚拟制造发展，而虚拟制造反过来又成为知识积累的必要工具，从而使科学知识和虚拟制造良性循环发展。

2. 应用专属性

虚拟制造一般被应用于复杂产品的研发阶段，以便在产品制造之前评估其性能、功能，可制造性和可装配性。一方面复杂产品的分工体系增加了协调成本，虚拟制造是一个可视化界面，为集成商和众多供应商提供一个交流平台。另一方面，复杂产品的加工过程和装备过程以及检测过程存在巨大的不确定性，虚拟制造能有效降低这种不确定性从而降低加工、装配以及测试过程的成本。因此虚拟制造在复杂产品的研发环节中得到极大的应用。

3. 制造环节的并行性

虚拟制造可以在不同的设备支持下同时模拟虚拟产品、虚拟产品制造过程、虚拟产品装配过程以及虚拟产品的检测过程，打破“传统设计—工艺规划—工装设计—零件制造—装配”的串行生产过程，从而缩短新品开发周期，提高新品生产效率。

（三）虚拟制造与相近的概念

或因为技术的起源相似，或因为应用领域的相同，虚拟制造往往和智能制造、数字孪生以及虚拟现实有很多共同特征，但各类制造因为存在不可取代的部分从而有着显著差异。

1. 智能制造

智能制造是“基于新一代信息通信技术与先进制造技术深度融合，

贯穿于设计、生产、管理、服务等制造活动的各个环节，具有自感知、自学习、自决策、自执行、自适应等功能的新型生产方式”[①]，是基于新一代信息通信技术发展而来的，具有智能化的制造。智能制造和虚拟制造均建立在建模和仿真这套共性技术基础之上，但是应用的环节和发挥的功能不同。虚拟制造应用于研发环节，而智能制造则广泛应用于设计、生产、管理、服务等制造活动的各个环节。智能制造强调的智能化主要在各个环节的智能化部分，需要建立在以往经验的基础之上，取代人的部分功能；而虚拟制造应用于新产品开发，是个从无到有的过程，需要人的高度参与。

2. 数字孪生

虚拟制造和数字孪生的核心共性技术更多，比如仿真技术、虚拟现实技术。二者核心差别在于，数字孪生强调物理实体和数字原型的一一对应关系，并基于这一对应关系实现“物理实体—数字原型—人”三者的实时交互。虚拟制造也强调交互，这种交互是数字原型与人的二者交互。虚拟制造偏重点在于数字原型的开发与模拟；数字孪生偏重于对现实的模拟和交互。

3. 仿真技术

仿真技术作为底层技术支撑着虚拟制造、数字孪生和智能制造。仿真技术应用领域非常广泛，是众多制造技术所需的共性技术；但是单独的仿真技术却很难有发挥的空间，需要与其他技术或知识结合发挥其功能：或与知识结合形成虚拟制造，或与泛在感知技术结合形成数字孪生，或与智能感知及运动控制技术合成智能制造。

---

① 工业和信息化部，财政部：《关于印发智能制造发展规划（2016-2020 年）的通知》，2016 年 12 月 8 日。

二、虚拟制造的发展阶段

虚拟制造大致经历了三个阶段：诞生期、拓展期、深化期。

诞生期（20 世纪 80 年代末至 90 年代初）。20 世纪 70 年代后期，受丰田公司及时生产的启发，全球制造业逐渐从大规模流水线生产向精益生产转型，全球知名制造企业普遍关注生产工艺和生产流程的改进。80 年代末 90 年代初，计算机辅助分析与设计、数控加工、自动化立体仓库、自动导引运输设备、制造资源计划与管理、柔性制造以及机器人装配等，已相继引入生产制造过程以改善生产工艺优化流程来降低成本，提高质量，提升市场竞争力。与此同时，虚拟制造的核心技术——虚拟现实技术，在电影、航天等领域已经得到广泛应用。作为能有效优化流程、改进工艺、降低成本的虚拟制造技术逐渐在美国国防部和美国宇航局的孵化支撑下得见雏形：1992 年美国国防部高级研究计划局启动了虚拟军舰项目；美国航空航天局阿姆斯特丹研究中心提出和研制了虚拟风洞等；首次将虚拟制造引入商业化领域的波音公司，也是美国军方主要供应商之一。

拓展期（20 世纪 90 年代中期至 21 世纪前十年）。虚拟制造最早是在尤尼斯（UNIX 操作系统）中的 IRIS 图形工作站开发的，应用成本高。20 世纪 90 年代中期以后，基于随着 CATIA（法国达索公司的产品开发旗舰解决方案）的 V5 在 Windows 平台上的成功实现，虚拟制造可以在价格更低、互联性更强的网络环境中应用。福特汽车、马自达汽车公司相继开发了汽车的虚拟制造系统，随着虚拟制造的产品设计、虚拟加工、虚拟装配以及产品性能检测的成熟，虚拟机床、虚拟工厂逐渐向更多领域拓展。中国航空工业是 Windows 平台上 CATIA V5 的早期使用者。当时国际商业机器公司（IBM）代理销售 CATIA 软件，把服务器、图形工作站和 V5 的 CATIA 打包卖给了承担中国飞机研制的 603 所，中国航空工业直接越过 UNIX 系统使用了 Windows 平台。截至 2010 年，虚拟制造已经广泛应用于航空航天、船舶、机械工程、化工、汽车、高铁、消费电子等复杂产品领域。

深化期（2011 年至今）。随着新一代信息通信技术的普及和应用，大数据、人工智能等技术引入虚拟制造，为分布式制造、云制造、协同制造广泛而深入的发展奠定了基础。比如，大数据的引入一方面能快速抓取网络环境下大众对新产品性能和功能的需求信息，能更快响应用户需求，另一方面能提升在全国甚至全球范围内布局生产线的能力，通过虚拟工厂的建立，可视化供应链供应过程，优化工厂全球布局，以缩短物流运输距离，节省成本提高效率。

三、波音飞机的虚拟制造实践

本部分以首先推出虚拟制造的波音 777 为例，介绍虚拟制造的产生背景、运行原理以及影响因素。

（一）“图纸 + 风洞试验”与虚拟制造

虚拟制造产生之前，航空领域，无论军用还是民用飞机，新机型开发均采用“图纸 + 风洞试验”模式：设计师设计好图纸，工程师根据图纸按照相应的结构、性能和功能要求建造飞机原型，最后通过风洞测试飞机的起飞、直行、转向、降落的安全性，以及在风雨雷电雪等不同环境下的可靠性。鲜有新机型一次性通过风洞试验，大多数原型产品在风洞试验中因为这样或那样的原因无法通过测试，于是设计师需要根据风洞试验的结果修改设计图纸，工程师则需要再一次建造飞机原型，而新飞机原型也需要再一次接受风洞测试，循环往复直到顺利通过风洞试验。

“图纸 + 风洞试验”作为飞机新品开发模式而言成本极高。因为飞机作为复杂产品，成本极高。没有通过风洞试验意味着这些造价不菲的飞机原型全部化为乌有，而回收价值很低，跟开发成本相比，几乎可以忽略不计。为了减少原型产品风洞试验失败造成的损失，早在信息技术飞速发展的 20 世纪 70 年代，就有人提出采用虚拟制造技术建造数字原型的构想：利用计算机辅助设计软件（简称 CAD）和虚拟现实软件，在计算机中建立一个可视化的飞机原型，并模拟各类环境，检测数字原型机的各项性能。设计师和工程师将在可视化的环境下，观察数字原型机存在的问题，及时修改完善产品，最后一次性通过风洞试验，由此减少“图纸 + 风洞试验”开发模式造成的损失。

但是虚拟制造很晚才被运用在飞机开发上。“图纸 + 风洞试验”模式使飞机制造商从螺旋桨小飞机时代迈向喷气式大飞机时代，也被制造商用于开发超音速飞机，图纸越来越厚，研发成本越来越高。这类路径依赖存在于很多领域，飞机新品开发亦如此。波音在 20 世纪 60 年代研制出的卖得最好的波音 737 和宽体客机波音 747 使用的是“图纸 + 风洞实验”开发模式；空客——波音最有实力的竞争对手，70 年代末开发空客 A300 时也采用的是“图纸 + 风洞试验”模式；随后 1978 年波音 767 的研制，1979 年波音 757 的研制依旧采用的是“图纸 + 风洞试验”模式，直到空客 A320 系列飞机逐渐占领全球市场份额，波音终于决定尝试新的缩减成本的工艺——虚拟制造。

（二）虚拟制造怎样工作?

波音 777 是波音公司首次完全利用计算机绘图进行设计的飞机，是世界第一款完全以计算机立体 CAD 绘图技术设计的民用飞机，该技术又称 CATIA（Computer-aided Three-dimensional Interactive Application），整个设计过程不使用纸张绘图，而是使用一套称为 CATIA 的三维计算机辅助设计软件。虚拟制造主要包含虚拟产品、虚拟工艺、虚拟装配和虚拟性能检测等环节。虚拟产品环节方便集成商和零部件供应商之间的沟通。大飞机，作为典型的复杂产品，采用的是“集成商＋供应商”模式。为了生产波音 777，波音作为复杂产品集成商，要跟全球 17 个国家 900 多家供应商采购 300 万零部件，虚拟产品有助于波音根据零部件向供应商提出更为具体的功能和性能要求，有效降低沟通交流成本。

虚拟工艺在改进流程、优化布局方面发挥重要的作用。飞机制造过程中，成本最高的是装配环节，大约占成本的 40%[①]。虚拟装配模拟装配过程及时发现问题，对零部件的结构、性能提出有效的改进方案，能有效减少因装配错误导致的成本损失以及提高装配效率。

虚拟性能检测是虚拟制造的另一个环节，也是波音另一项庞大投资。为了测试模拟机身在实际操作时会遇上的各种问题，波音专门建立了“整合飞机系统实验室”，各个部件在独立的测试平台上反复操作，通过测试后相关部件会整合为八个子系统继续系统整合测试，包括起落架、客舱管理系统、电子电源辅助系统、刹车、襟翼系统、电子引擎管理系统、自动驾驶飞行指示系统和飞行资讯管理系统。除了八个整合测试外，波音另建三个实验室，分别是系统整合实验室、驾驶舱模拟实验室和飞行控制测试装置。

（三）虚拟制造的支撑条件

虚拟制造具有多技术集成、高知识密集度的特点，研发成本极高；

① 范玉青：《飞机数字化装配技术综述——飞机制造的一次革命性变革》，《航空制造技术》2006 年第 10 期，第 44 页。

研发成功后边际使用成本低，因为基本架构在运用中得以验证，以极小成本迭代升级后可重复利用。这要求各类技术要成熟到一定的程度，虚拟制造在实验室有了部分的实现和应用；其应用价值能在预期内涵盖其超高的研发成本，驱动虚拟制造成功应用。20 世纪 80 年代各类技术逐渐成熟，而战略新兴产业、航空制造业进入抢占市场份额的激烈竞争阶段，亟须找到降低成本提高效益的新突破点，二者结合成就了虚拟制造新模式。

1. 技术成熟度是虚拟制造产生的必要因素

虚拟制造技术包含关键技术和使能技术，在信息革命的推动下，关键技术是虚拟现实技术，已经有了长足的进展（见表 8–1），使能技术比如计算机科学和图形显示技术等已经成熟应用（见表 8–2）。1985 年美国航空航天局（简称 NASA）的 Scott Fisher（费雪·斯科特）等人在前人基础上研制出了世界上首个较完整的多用途、多感知的虚拟接口环境系统，系统可以显示计算机模拟的太空图景，也可以遥控摄像机获取实时图景，宇航员通过虚拟的控制表盘和显示装置，与这些图景实现交互[①]。20 世纪 80 年代末 90 年代初，三维绘图技术经过三轮的迭代也实现了在计算机上完整地表达物体的特征，比如形状、重量，惯性矩等[②]。核心技术的成熟为虚拟制造的诞生奠定了技术基础。

表 8–1 虚拟现实技术的发展状况（1961—1985 年）

时间	虚拟现实技术	功能	来源
1961 年	头盔式立体显示器（HMD）	显示功能	美国 Philco 公司

① 周祖德，陈幼平等：《虚拟现实与虚拟制造》，湖北科学技术出版社，2005。
② 孙林夫：《三维 CAD 关键技术及其发展》，《中国制造业信息化：学术版》2003 年第 4 期。

续表

时间	虚拟现实技术	功能	来源
1968 年	具有定位功能的头盔式显示器（HMD）	定位功能；透视功能；借助于其他输入装置操作该物体	Ivan Suthenland
1971 年	具有力反馈的原型系统 Grope- Ⅱ	力反馈：用户可以通过操纵一个实际的机械手，来控制屏幕中图形机械手去抓取一个由立体图像表示的物体，同时人还能感觉到它的重量	Frederick Brooks
1975 年	Videopalce	概念化环境：人置身于模拟的环境中在环境中活动	Myron Krueger
1985 年	数据手套	测量手指的关节动作、手掌的弯曲以及手掌间的分布，进而编程实现各种手语	VPL Research Inc 与 NASA 合作
1985 年	VIEW	虚拟接口环境系统：世界上第一个较完整的多用途多感知的虚拟接口环境系统	NASA

资料来源：根据相关文献整理所得[①]。

表 8-2　使能技术 CAD 的发展状况（20 世纪 60 年代至 90 年代初）

名称	时间	核心技术	原理	特点	典型产品
二维绘图	20 世纪 60 年代	线框式系统	借助油泥模型来近似表达曲面	表达基本的几何信息，不能有效表达几何数据间的拓扑关系	—

① 周祖德，陈幼平等：《虚拟现实与虚拟制造》，湖北科学技术出版社，2005。

续表

名称	时间	核心技术	原理	特点	典型产品
三维绘图	20世纪70年代末	曲面造型技术	表面模型为特点的自由曲面建模方法	完整描述产品零件的主要表面信息	CATIA（法国达索飞机制造公司开发）
	20世纪70年代末80年代初	实体造型技术	结合虚拟现实技术	除表达形体的表面信息，还准确表达零件的其他特性，如质量、重心、惯性矩等	I-DEAS（SDRC公司开发）
	20世纪80年代中期	参数化技术	参数化实体造型方法	基于特征、全尺寸约束、全数据相关、尺寸驱动设计修改	Pro/E（CV公司开发）
	1990年之后	变量化技术	以参数化技术为蓝本		IDEAS Master Series（SDRC公司开发）

资料来源：根据相关文献整理所得[①]。

2. 市场竞争是虚拟制造产生的动力

战后民用航空业是当时的新兴产业：大量民用航空线路待开发（新市场），制造技术、计算机技术等新技术不断融合应用（新技术），飞机制造商沿着短程、中短程、中程、中远程以及远程的产品（客货运）开发路线不断推陈出新（新产品）。但是作为资本密集型产业需要大量的资金投入，而作为新兴产业前景广阔但技术风险和市场风险如影随形，竞争赛道不断变化。飞机制造商选错赛道会导致竞争力下

① 孙林夫：《三维CAD关键技术及其发展》，《中国制造业信息化：学术版》2003年第4期。

降，甚至破产。20 世纪 50 年代，最早将喷气式飞机商业化的英国飞机制造商德哈维兰，因为安全性和稳定性逊于后来者波音而陨落；20 世纪 60 年代，众多飞机制造巨头加入了超音速等高性能的技术研发与应用行列，结果因为技术成熟度不够，研发成本过高，而导致经营困难，很多当时著名的飞机制造商负债累累，最后以企业破产或项目取消收场，比如美国的道格拉斯和洛克希德等以及英法航空制造商联合的产物“协和”飞机项目；20 世纪 70 年代，中东石油危机引发石油价格上升，航空公司的燃油成本成为航空公司运营中最大的成本，空客由于研发出燃油性能高的双发宽体客机，所以竞争力大幅提升，20 世纪 80 年代后期之后，最终成为航空制造领域的“双寡头”之一。

面对空客燃油性能高的中远程双发客机 A320，波音需要研发出自己的具有竞争力的产品才能在中远程航空市场上站稳脚跟。20 世纪 80 年代末，波音和空客双方都不断挖掘结构优化、新材料的可能潜力，但是新工艺开发方面存在巨大的敞口。空客虽然已经使用了 CAD 设计，但是没有向最耗时最耗财力的飞机装配环节延伸。波音通过打通虚拟产品、虚拟工艺、虚拟装配和虚拟性能检测等虚拟制造的全流程，将产品开发周期缩短了一半、提高风洞试验的成功率等，显著降低研发、制造测试成本，能继续与空客展开全方位的竞争。

四、未来展望

随着新一代信息通信技术的发展演化，虚拟制造将在未来的发展中向云端化、协同化、生态化方向演进。云端化，随着云计算和云存储技术的日渐成熟，云端强大的运算和存储能力为虚拟制造的发展提供了广阔的想象空间。在高端软件供应商和大型机械设备制造商的推动下，虚拟制造开始向云端迁移。协同化，在云端发展的同时，在工业 4.0 的推动下，有望与其他管理软件打通，产生联动协同效应，届时虚拟制造将在供应商管理、客户管理以及产品生命周期管理方面联动。生态化，虚拟软件将在工业互联网的背景下为制造商连接用户、供应商、软件开发商等主体，提供支撑平台化发展的有力工具。

第九章
云制造

云制造是一种基于网络、面向服务的智能制造新模式。它融合发展了现有数字制造技术与云计算、物联网等新一代信息技术，将各类制造资源和制造能力虚拟化、服务化，构成制造资源和制造能力的服务云池，并进行统一、集中的优化管理和经营，用户通过云端就能随时随地按需获取制造资源与能力服务，进而智慧地完成其制造全生命周期的各类活动。

新一代数字技术的突破和广泛应用将重塑制造业的技术体系、生产模式、发展要素及价值链。与数字制造、智能制造相关的各种新范式层出不穷、相互交织，体现为不同程度、不同层次的数实融合发展模式。云计算的计算模式和运营模式为制造业所采用，形成了以数据、算法、计算为核心的云制造模式。云制造具有制造资源和能力的物联化、虚拟化、服务化、协同化、智能化等特征，企业可以基于云平台实现设计、制造、采购、营销资源和能力的供需对接，从而满足用户个性化、碎片化的产品和服务需求。与其他几种典型模式相比，云制造采用了不同的视角审视与探索先进制造的方法。在云制造模式的驱动下，社会化分工将更加深化和有序，变得更加协同、有效。适应数字经济发展的大势，数据是云制造的战略资源，算力是云制造的核心生产力。

云制造把制造资源虚拟化，让制造资源能够方便地为更多的人使用。未来专业化的分工只会越来越细化，制造云的资源与能力不但可以为企业自己所用，也可以为其他企业所用。例如有很多小的工业设计室，创意非常好，但由于资金问题，它可能连专业的工业设计软件都买不起。为此，希望有人共享这些“装备”，那就需要通过“云”的协同方式在一个数字化平台上实现。拥有生产设备与设计软件的人或者企业可以在资源闲置的时候将它们“租”出去，从而提升了资源的使用效率。过去，企业与企业之间“协同”需要打电话、见面，这些都产生交易成本，如果有了“云”的平台，协同效率会大幅提升。

一、以用户需求为中心的网络化制造

云制造模式可以将各类制造资源和制造能力虚拟化、服务化，并进行统一、集中的智能化管理，实现多方共赢、普适化和高效的共享和协同，为制造全生命周期过程提供可随时获取、按需使用、安全可靠、质优价廉的专业服务。

（一）内涵特征

当前，制造业企业面临着“多型、多态、多线”的特征，产品能力状态的持续迭代，使得生产系统的硬件和软件持续升级变化。新的零部件、新材料不断在生产系统中得到应用，生产集成方案和工艺路径也需随之快速迭代。传统制造业依靠增加产线、对作业单元进行局部改造和工艺流程优化等手段，无法从根本上突破产品生产集成效率提升的瓶颈。因此，根据制造资源不断分散、制造能力持续升级的趋势，企业利用网络和云制造平台将制造资源和能力物联化、虚拟化，最终实现制造服务化、协同化、智能化，塑造出一种基于知识、面向服务的智能制造新模式——云制造，这是按用户需求组织网上制造资源（制造云），为用户提供各类按需制造服务的一种网络化制造新模式。

与现有先进制造模式相比，云制造适应产业链供应链全球化、网络化发展，以及制造资源共享化、协同化发展的需要，从制造、销售领域延伸拓展到使用、服务等领域。云制造的发展首先得益于云计算技术的成熟，云计算已经成为各行业数字化转型的技术底座，“上云”的趋势已经从互联网行业拓展到传统制造行业。云制造就是将制造资源、能力放入“云”中，以便企业或个人可以随时随地获取它们。制造资源包括各类制造设备（如机床、加工中心、计算设备），制造能力则包括制造过程中的各种模型、数据、软件、领域知识等，基于制造云平台，可以实现制造过程中用户参与、透明和集成、按需使用和付费、能力共享与交易的功能。

从制造数字化的视角看，云制造涵盖制造全过程所产生的信息、数据、知识等，如生产工序、方法及技术，以及云平台与其他制造设备之间形成的数据要素集合。因此，云制造至少应包括“制造云”平台、用户交互平台、资源共享平台、远程运维平台等功能。通过数字平台建设实现了产业链的上下打通，通过协同制造技术手段实现了各供应商之间的横向联动，形成了设计、制造、管理一体化的云制造模式。

（二）架构体系

云制造体系包括制造资源/制造能力、制造云、制造全生命周期应用三大组成部分。云制造能够有效利用社会资源，创新生产模式，如个性化定制、众包设计及协同制造、设备健康保障等模式，这些制造模式以制造云平台等基础设施为实现前提。云平台能够将网、云、数、智、安、边、端、链等技术深度融合，加快打造可提供数据感知、传输、存储、运算一体化服务的算力网络，一点接入、即取即用。基于制造云平台，企业通过建立标准的、统一的制造云服务管理框架和体系，搭建云制造服务平台，实现分散资源的集成与共享，匹配与交易。

云平台是制造资源（包括制造设备、制造能力、制造知识等）虚拟化、服务化后构成的虚拟制造资源池，在云平台上制造资源/制造能力被封装和组合，形成制造过程所需要的各类服务，如设计服务、仿真服务、生产加工服务、管理服务和集成服务等。在云制造环境下，制造资源可以实现动态、灵敏的组织和使用，并且基于云制造柔性、互联、动态、虚拟服务化的特点，支持用户可以在任何环境下通过网络获取制造服务，实现智能制造和智能服务。云制造的系统架构是一个涵盖了智能产品、智能制造、智能服务以及制造云平台的大系统，可实现产品、机器、数据、人的全面互联互通、综合集成与资源优化配置。云制造支持多用户、超大规模集成制造、多区域协同制造，因此，云制造体系架构必须能够支持多用户同时访问、多个制造进程控制、制造全生命周期管理等复杂业务、大量数据的分析处理。在云制造模式下，智能制造系统将演变成为复杂的生态系统，企业需融入智能制造生态系统，才能更好地生存和发展。

云制造融合了物联网、信息物理系统、边缘智能等新一代信息技术，能够实现软硬制造资源和能力的全系统、全生命周期、全方位地接入和感知，尤其是制造资源（如机床、加工中心、仿真设备、试验设备和物流货物等制造硬设备）和制造能力（如人/知识、组织、业绩、信誉和资源等）的接入与感知。云制造体系具有系统性特征——复杂性、动态性、不确定性等，以制造云为主要载体，聚集了企业智能制造及社会价值链条，使得智能产品、智能制造、智能服务等各产业链环节的企业可以实现信息共享、系统集成与资源优化配置。云制造系统能够通过获取和分析外部信息，包括人与人之间、机器与机器之间、人与机器之间、企业与企业之间，并主动调整系统结构与运行参数，不断动态调整以适应环境的变化，以实现快速响应和优化决策。

在应用过程中，云制造平台是负责制造云管理、运行、维护以及云服务的接入接出等任务的软件平台，首先要通过“接入”——将各种制造资源与制造能力封装为云服务，聚集成制造云，而后面向制造全生命周期应用提供各种服务，这一过程称为“接出”，相关行业的用户通过云制造平台提出具体的使用请求，制造云会自动寻找最为匹配的云服务，通过调度、优化、组合等一系列操作，向用户提供解决方案。由于云制造平台的开放性更高，企业在参与业务过程中不断积累经验和知识，将通用技术能力沉淀，提升信息系统对企业业务需求的快速响应和敏捷交付能力，使得企业间能够形成持久的协作关系，并组建云制造联盟。

二、云制造的演化过程

在没有任何先例可循的情况下，国内制造业企业通过构建共性技术平台、制造资源虚拟化、建设数字平台等方式，探索云制造发展模式。云制造模式经历了从共性技术平台到制造云平台的演化过程。

（一）共性技术平台

在实践中，企业实现制造资源共享最简易的方式莫过于建设共性技术平台，构建共性技术平台可以实现共性基础技术资源的有效整合和整体布局的优化。

产品共性技术管理平台主要负责产品需求输入、总体设计、集成测试、仿真验证以及产品工艺设计、验证及工艺输出管理等方面。平台以产品需求输入为依据，以产品设计工具和软件为手段，以形成可操作的工艺流程文件为目标，实现了产品设计、工艺设计和过程控制三者的有机结合，形成了灵活高效的产品设计管理机制，解决“多品种、小批量”需求带来的设计难题。为了实现对产品生产制造过程的柔性管理，平台采用“管控＋数字化＋生产线”的研制思路，以通用化、柔性设计为基础，以生产制造的工艺流程优化、管控体系程序固化以及制造设备智能化为手段，充分发挥现有软硬件资源能力，加快建设高效柔性生产线。通过基于共性技术资源整合的通用产品研制管理，改变了企业传统的“小而全、分而散”的产品通用研发制造模式，消除了共性基础技术资源建设相对分散、不成体系以及多头管理、协调复杂、效率不高等弊端。作为一个初级的云制造模式，通过基于共性技术资源整合的通用产品研制管理，解决了将复杂且动态的产品研制流程进行优化并固化的问题，将技术成熟的产品形成通用产品，实现了知识积累并提供技术升级，为基于共性技术资源整合的通用产品提供多专业多平台的大系统和整机产品的研发，为批量生产奠定了坚实的基础。

（二）资源的虚拟化

制造资源虚拟化是搭建制造云平台的关键步骤，而资源虚拟化的核心是开展数学定义与建模，实施系统化模型管理。在深入理解产品的应用环境和集成制造变革需求的基础上，企业结合对数字化、智能化制造的深度研究和实践经验，构建全要素仿真驱动的柔性智能生产体系。充分利用数学计算的优势，实现制造资源与过程的高效协同，大幅提高生产力，缩短生产周期，满足用户需求。

以作者长期跟踪研究的某制造企业为例，面对外部变化的不确定性、技术状态的多变性、生产集成过程的复杂性和多品种、变批量的产品特点，为确保整个企业多型产品的集成过程连续性、平稳性，企业充分利用数字化的优势，构建一套综合仿真计算系统——这可以视为云制造的雏形。在制造资源虚拟化方面，该企业以用户和相关方需求为牵引，以数字化价值要素与集成制造要素相融合、数字域/物理域双向映射为基础，从数字化定义与建模、数字空间仿真计算、多专业制造协同、运营智能管控、动态调整与自进化五个方面入手，将以前基于项目团队的粗颗粒度生产管理，变革为基于流程规范化、资源多维度精细定义、工艺路径仿真计算柔性重构、车间与产线工位制造能力柔性可扩展、组织与专业精准协同、运营管控数据和模型智能驱动、贯穿企业—车间—产线工位各层级的，从需求到仿真、执行、控制、优化全过程的自闭环、自进化的智能生产管理体系。

企业开展工艺过程、制造资源的数学定义和建模，完成物理域到数字域的映射，从数学上打开生产集成过程“黑匣子”，为路径的仿真和灵活规划提供支撑。与传统的批量机械加工、装配相比，个性化产品、规模化定制下的生产过程，存在工艺与技术状态变更频繁、资源需求复杂等特点，为实现柔性智能生产体系的构建，企业通过开展产品数字化建模定义与建模将制造资源虚拟化。例如，对生产过程及可配置制造资源进行识别、分解与数学定义；发布建模规则，从物理、逻辑、行为等方面进行建模，完成资源和过程从物理世界到虚拟世界的映射；对制造过程风险进行建模，实现风险的数字化管控；针对类型多、数量庞大的模型，以技术和管理为抓手，构建统一云服务平台，推进建模工作的标准化与规范化。

基于云制造平台，对单元制造所需的人员、仪器、工位、设备等资源进行仿真计算，为获取资源配置最优策略进行精细化制造资源计划。利用算法将单台套资源调用模式转变为全局资源动态最优调用，进而快速形成系统协同、可扩展、高效应变的能力，达到大幅提高资源流转效率、提升资源的使用率、节约生产成本的目的。生产线现场各专业团队根据数字空间计算的作业指令，遵循协同作业机制，协同开展各项作业，对大量资源进行快速配置和灵活重组，使单元级的生产集成能力快速重构生成，实现按时完成原本不确定的订单需求，达到最终产出的目标。

（三）数字平台建设

企业建设云制造平台的关键在于数据传递的畅通，通过“数字平台”打通管理层与现场层，实现企业层面的数据信息互联互通。在设备层，实现了设备间的互联互通，打通了车间制造运营层和设备层数据控制链，从数字化、网络化，稳步迈向制造过程的智能化。

云制造是通过强化新一代信息技术与实体经济融合而成的先进制

造模式，云制造平台精准对接客户需求，提供安全高效、便捷、可视化的智能化服务，推动企业数字化转型，给传统制造业带来了以下几方面的变化。

第一，制造知识与技能的产生、获取、应用与传承效率发生根本性变化，制造业创新能力极大提高。借助机器学习、人机混合智能等新一代信息技术，制造领域知识与技能的产生、获取、应用和传承将从以人为主体，变为人机协同，最终以智能机器为主体，其效率发生根本性变化，制造业创新能力因而有了极大提高。

第二，产品制造过程高质、柔性、高效、低能耗。在产品设计方面，未来的云制造设计系统将拥有强大且可不断自主学习完善的知识库支持，可对产品性能、可靠性、寿命、成本等进行准确建模与仿真分析，这不仅可极大提高产品设计的效率与质量，以快速响应市场需求，同时将有效减轻产品设计人员的负担，而且用户也可方便参与设计过程甚至自主设计所偏好的产品，大大提高产品创新的效率；在云生产方面，信息互联互通将从企业内部延伸至全供应链和全产业链，精确建模、实时优化决策等关键技术形成制造装备全生命周期的高安全性、高可靠性、高实时性、高精确性，实现产品制造的高质、柔性、高效与低能耗。

第三，服务呈现智能化。在新一代智能制造环境下，产品和服务将不断融合，服务范围不断拓展，服务效率不断提升。数字化网络化智能化的产品将从单一商品演变成基于互联网的服务资源，企业可以向产品用户提供远程诊断、故障预测、远程维修等一系列服务，从而颠覆原有的商业模式。企业将通过收集用户的原始信息和需求信息，并结合运营过程积累的数据，进行数据挖掘和商业智能分析，主动给用户提供精准、高效的服务。

三、模式解析：双星胎联网“智慧云”平台的云制造实践

云制造是新一代信息技术与制造业的深度融合，涵盖制造业所有发展阶段、全生命周期，尤其在智能售后服务方面，企业采用云制造发展思路，进行了多方面有益的探索和创新。

以青岛双星为例，通过制造与生产环节的数字化、智能化改造，双星打造胎联网“智慧云”平台，通过对轮胎胎温、胎压、行驶路线、路况、载重、磨损等数据的实时更新，实现轮胎、车辆、车队和轮胎企业之间的信息联通。青岛双星胎联网“智慧云”平台的出现无疑重构了用户与企业之间的关系，轮胎生产企业的经营管理模式也由此发生改变。在卡车客车领域，青岛双星已经将轮胎销售模式由一次购买转变为“卖公里数”，即根据公里数分期支付轮胎费用，大大降低了企业在轮胎采购时一次性投入的资金成本，且不再需要配备采购、仓储、维修、救援等服务与管理人员，而是由青岛双星提供全流程、全生命周期的维保服务。

双星胎联网“智慧云”平台通过个人电脑、App等各类用户信息及应用场景全系列端口的充分融合，利用物联网、云计算、大数据和5G等信息技术开创个性、交互的开放平台，可以实现车况诊断、轮胎选择和维护保养等多元化开放服务的全流程信息化管控，给用户带来轮胎全生命周期管理的服务新体验；同时还可以与智能网联汽车相关技术实现无缝衔接，助推智能网联汽车产业化成果更快更好地为终端用户所应用。

用户可以通过此平台随时随地监测自己车辆轮胎的胎温、胎压、行驶里程、花纹磨损度、GPS定位等信息，轮胎内置智能芯片，可实时采集轮胎数据并传输到双星胎联网—智慧轮胎监测系统大数据分析

平台，对轮胎使用的海量数据进行智能分析，自动发出“提示、预警、指令”等信息，对客户及用户发出预警，指令后台也可接收数据并由客服人员人工提醒驾驶者，最大限度地保证用户车辆行驶的安全性，提高服务的精确度，保障用户满意度。同时，还可以帮助用户做资产管理，轮胎及车辆在线化运营，多方面降低用户使用轮胎的成本。

双星胎联网“智慧云”平台将胎联网技术与实际业务场景结合，通过胎联网—智慧轮胎监测系统大数据分析平台进行智能分析，精准对接客户需求，提供安全高效、便捷、可视化的智慧化服务。胎联网“智慧云”平台以满足用户需求为核心，集成实时监控、车辆管理、轮胎管理、销售服务信息管理、轮胎数据跟踪与分析（工厂模块）等管理板块，让生产商、经销商和使用者对业务场景能够全局掌控，真正实现轮胎的全生命周期管理，全面快速响应用户及客户的个性化服务需求，提升服务满意度。

四、未来展望

云制造是一种典型的面向服务和需求的制造模式，制造需求的不确定性导致了云服务的动态性和多样化特征。如何将动态的、分布的、异构的云制造服务进行集成和协同管理，成为实现云制造模式需解决的关键技术难题之一。当前，云制造模式的应用与发展还处于探索阶段，并没有一个成熟的发展模式。在私有云领域，企业已经做出了大量的探索，并将“上云”作为企业数字化转型的重要手段。随着“上云”工程的实施，企业也越来越多地将自身的制造资源和制造能力虚拟化，封装成具有企业特色和行业特色的云服务。但是，在公有云领域，更多是运营商和互联网企业在推动管理的数字化，真正可以为全社会所共享的云制造模式还没有出现。

作为一种先进的制造理念，未来云制造将推动社会生产这一众包理念的实现。云制造模式强调制造能力的服务化及按需使用，使得更多形态的资源服务进入云制造平台中，并可基于云制造平台建立服务社区，将极大地扩展社会化服务的共享边界，为实现涉及更广泛业务、更复杂任务的众包生产提供资源基础。当制造云不再仅仅为企业自身服务时，制造资源能够为社会化共享，云制造平台便具备了公有属性。为了推动以众包制造为目标的云制造模式实现，政府和企业应坚持“边建设、边运营、边完善”原则，不断完善功能、丰富应用，并在以下三个方面做出努力。

一是构建先进的网络基础设施。网络是数字化转型最底层的基础设施，其重要性不言而喻。通过构建领先的感知网络体系，可以为涉及国计民生的传统基础设施的高效运转、安全运营提供保障。积极引入外部能力，秉承“开门建中台”理念，通过招募、认证、签约的能力引入相关业务流程，充分发挥合作伙伴的优秀能力。通过感知、连接、算力的融合，使传统基础设施具备长距离、精准防护、实时监测的感知能力。二是推进企业实施智能云计划。鼓励工业智联网平台在产业聚集区落地，积极推动建设工业应用软件及产品和装备维护知识库，应用服务基于云端部署，不断提升平台服务能力，加强资源整合对接，鼓励地方政府以购买服务方式支持中小企业业务系统上云。三是打造可复制的行业云平台。千行百业的数字化都有自身不同的特点，对传统中小企业来说还面临技术能力不足等难题，需要技术和经验融合在一起才能打造更有针对性的数字化方案。打造针对工业、政务、煤矿、电力、公路等行业应用程序平台即服务（aPaaS），实现一次开发、多次部署、广泛复用，加速行业数字化成果复制。

第十章
人机融合制造

人机融合制造是指人与机器在制造现场同空间、同时间、同语言进行作业，机器具备纠错和学习能力，不仅能够准确理解人类语言和肢体动作，还能够与人类同步思考，实现自我进化和升级。

2019年1月，在美国拉斯维加斯举办的国际消费电子展（CES2019）上，欧姆龙演示了未来制造现场。在这个体验区，观众通过模拟体验能够亲身体会欧姆龙对未来制造的定义——“人机融合”。整套设备首先扫描体验者二维码获取信息，然后由移动机器人、激光打标机、捡拾和安放机器人、协作机器人组成的制造系统完成整个定制生产过程，协作机器人能够向体验者展示非常通俗易懂的操作界面，从而构建人与机器无障碍的对话平台。

全新的技术和工艺正在彻底改变人与机器的关系，更柔性化和模块化的设计、对人类更友好的保护装置、更加精准的传感器，最重要的是，在人工智能等新一代数字技术加持下的更强纠错能力和使用人类语言的人机交互方式，都在促成人与机器的关系变得更加和谐。

一、人与机器同时作业的制造模式

在工业化的进程中，制造现场中人与机器的关系不断发生演变，在不同技术和制度环境下，人与机器的关系并非“机器替代人”这样简单，机器的使用不是仅仅替代人类岗位，很多时候是做好人类无法胜任的工作，形成一种相互补充、共同完成生产制造过程的关系。总体来看，在制造业中，人与机器的关系从矛盾冲突走向和谐共处。从工业革命开始出现“人机冲突”“人机磨合”“人机互补”“人机协作”四类关系，随着新科技革命和产业变革下的数字技术与制造技术的进步，人与机器萌发“人机融合”的新关系（见表10–1）。

表 10-1 人与机器关系的演变

	人机交流	生产安全	岗位分工	机器柔性	制造极限
人机冲突	机械式人机界面，操作难度大、体力消耗大	几乎没有安全保障，安全事故频发	机器主要完成人类体力和速度无法达到的工作，一般需要直接对机器进行操作	机器只能完成事先设计的工作，不具备柔性，也很难扩展功能和进行组合	突破了“人工+普通工具”束缚，出现大量工业产品
人机磨合	半自动化人机界面，操作难度降低	非常粗略和非强制的规章制度，安全事故仍然较多	机器在流水线上广泛使用，但并没有降低工人劳动强度	专业设备较多，通用设备较少，柔性都很低	低成本和高产出，工业产品性价比迅速提高
人机互补	专业化界面系统，操作难度降低但学习成本增大	严格的规章制度和隔离措施，安全事故明显减少	机器和人类工人在不同岗位分工，相互补充	机器的安装和调试需要较长时间，具备柔性的可能性，但柔性化成本较高	产品质量大幅提高，新产品层出不穷
人机协作	模块化的命令组，学习成本大大降低	机器在封闭空间运行，安全事故极少发生	大多数工作由机器负责，工程师负责帮助机器纠错和进行调试	模块化设计能够实现快速组合，柔性化程度明显提高	柔性化和快速响应能力提高
人机融合	使用人类自然语言进行人机交流，几乎不需要进行学习	机器不再构成伤害，甚至可以保护人类	机器与人能够同平台操作，甚至可以任意互换岗位	机器具有学习能力，能够胜任更多工作，柔性化逼近人类水平	超柔性制造、超精细制造，增材制造、纳米制造成为可能

资料来源：作者根据相关资料整理。

当前，制造业正在经历翻天覆地的数字化变革，在数控化的基础上，机器向着更加智能化、柔性化和安全化的方向发展，人与机器的协作关系更进一步：一是人与机器的互动交流向着以人类自然语言为基础的方向发展，机器的操作者不再需要学习专门的技能而只需要经过简单的培训，机器自身可以保留数字语言进行数据传输和相互协同，但同时能够很好理解人类语言直接发出的指令。二是人与机器可以在同一空间和平台上协作，人与机器间物理上的、制度上的隔挡将会消失，机器不仅不会对人造成任何伤害，反而可以在相互触碰的距离上随时辅助工人的劳动。三是机器能够实现高度柔性化，并且具备学习能力和纠错能力，人对机器的直接干预变得很少，机器甚至可以在面临新的任务时和人类一起学习。当然，“人机融合”关系的基本前提和原则是以人为本，人在工业生产中重新回到主导地位，机器最大限度地配合人的劳动习惯、最大限度地降低人的体力和脑力劳动强度，并完全服从人的指挥和调度，在同一个生产现场通过互补、协助，实现超柔性生产，达到新的制造极限高度。一旦机器与人实现深入融合，就会形成“人机融合制造”新的制造现场，当然这一过程并不是一蹴而就的，会有一个探索和推广的过程。

从全球范围看，目前处于领先地位企业的制造现场已经是很成熟的“人机协作”发展阶段，个别工厂在一些领域和环节开始向“人机融合”的方向进行尝试和试点[①]。欧洲、日本、韩国、美国等制造业较发达国家和地区的工厂绝大多数处于“人机互补”的发展阶段，而其他发展中国家的制造工厂（特别是偏远地区，非外商投资的）仍然处于“人机磨合”的阶段。

二、实现人机融合制造的主要国家

美国是较早提出并探索“人机融合”的国家。从 20 世纪 80 年代

① 如果按照德国工程院、弗劳恩霍夫协会对制造业发展的阶段划分和预测，“人机协作”可以对应“工业 3.0”，“人机融合”可以对应“工业 4.0”。

开始，美国就开始在信息化背景下对人与机器关系进行多路径的探索。外骨骼可以说是人机融合最早在产品上的应用。2019 年，美国国防部披露了在 2050 年将未来战士送入战场的计划，其中包括直接增强人脑的神经连接，实现士兵与穿戴设备和其他战争机器的双向数据传输，通过脑机接口，一个指挥官或者士兵就可以同时向所有军事装备发送明确指令。这一目标一旦实现将彻底改变战场规则。2020 年，马斯克成立“神经连接”公司，这家科技企业致力于把人脑与电脑连接起来，提升人脑能力，以确保人类有能力应对人工智能带来的威胁。公司将首先把“神经织网”技术应用在医学治疗上，研发人员计划在人类大脑中植入微小电极，与电脑建立联系。这种技术不仅能治疗癫痫、帕金森病等脑功能障碍疾病，还能提高人类大脑能力：把人类思维“下载”到电脑中，或将电脑中的信息通过电极“上传”到人脑，把人类智力与人工智能有效融合，从而提高人类的认知能力和记忆力。由美国科学和技术政策办公室（OSTP）协调国家科学技术委员会（NSTC）与国家安全委员会（NSC）发布的连续几版《关键和新兴技术清单》（Critical and Emerging Technologies List，CET List）都专门有人机界面技术章节，包括增强现实、虚拟现实、脑机接口、人机合作等，作为国家重点支持发展和应用的技术。在人机融合制造方面，由于制造业萎缩厉害，美国先进制造现场与其他发达国家和中国比较并不具有优势，人机融合技术在制造业的应用也不多见。综合来看，美国在人机融合技术（特别是脑机融合）上有绝对的领先优势，在军事、医学康复上的应用也远远领先于其他国家，但由于缺乏具体的应用需求，人机融合在制造业的应用相对较弱。随着美国“再工业化”的推进，制造体系在近几年有所恢复，美国凭借技术上的优势，人机融合制造上发展潜力巨大。

日本在人机融合制造的系统应用上走在世界前列。欧姆龙的人机融合制造现场在多次国际装备展会上大放异彩，而事实上，日本有很多企业，包括有百年发展历史的“老”企业，都在人机融合制造上有系统化的布局，并表现出不同的特色和优势。最近二三十年，日本众多制造企业在反思现代流水线上“机器为主、人工为辅”是否能够在新的发展环境和时代中为继，虽然越来越多的工作被机器替代，但人不能够在制造现场成为机器的从属和辅助，应该让机器更好辅佐人完成那些不可替代的工作。丰田生产模式（TPS）的目标是少量多产，“安东”呼叫系统是该系统重要的组成部分，在生产过程中，工人如果发现工序存在任何问题，可以呼叫组长或者工程师进行排查，而其他生产环节或工序会正常进行，不会影响工期，同时保障存在问题的部件不会流入下一环节。这是一种简单的人机融合模式，现场工人充当了人（工程师）机交互的界面。而在丰田最先进的工厂里，“安东”系统中的“呼叫”功能被越来越多的传感器和人工智能技术替代。不仅如此，机器反过来还能发现人的错误并及时给予警告或者纠正，比如在一个生产平台上，工人错拿、多拿、少拿零配件，机器都会给予警告甚至直接锁定工序，协助工人准确完成操作。日本拥有全球最领先、最先进的制造现场，工业机器人的使用、现场管理水平、工人和工程师的素质等多处于世界第一梯队，完整的制造业体系以及追求精益、高质量，并重视人的作用的制造传统促使日本在人机融合的实践中同样领先全球。在具体应用中，日本制造企业将传感、人工智能、加工精度等日本具有优势的技术和能力集成，已经创造了一些系统化的人机融合制造场景，并在实际中进行应用。虽然这些应用还很初级，甚至在一些环节上仍然使用传统方法弥补技术和工艺的不足，但已经是朝着人机融合制造的理想状态不断前进。

中国是人机融合制造的积极参与者，并借助人工智能和制造业的基础优势具备很强的前沿技术研发和产业应用能力。2017 年举办的第四届中国机器人峰会的主题就是“人机融合、智胜未来”，人机融合不仅被确定为我国制造业转型升级的重要方向，同时也是国内工业机器人弯道超车的重大机遇。近几年，国内制造企业和工业机器人企业联合攻关，在服装、食品、小家电等劳动密集型较高的行业进行试点推广，一些制造环节上的堵点、断点因为采用了新的协作机器人而得到明显改善。例如，缝纫厂的裁剪机器人能够与工人同平台工作，不仅大大降低工人劳动强度，还将车缝一次性通过率从过去的 85% 提高到 95%。国内机器人产业也在加快向满足人机融合的方向转型，不断推出新的产品和产品序列，除了新松、华中数控等大型企业，节卡、伯朗特、启帆、天太、达明、欢颜等国产品牌的协作机器人已经打开市场，其中一些还出口到发达国家。中国在人机融合制造的技术研发、设备制造、场景创新和应用等多个环节都具有较强的竞争力，但受限于一些“老问题”（例如基础工业、基础技术、基础材料的短板），中国人机融合的发展处于规模大、场景多但技术中流的尴尬局面。

除了人机融合制造的应用，欧洲、日本、美国企业在设备制造上具有较强的竞争优势。例如，丹麦的优傲机器人（Universal Robots）占据当前全球协作机器人近一半的市场份额，阿西布朗勃法瑞（ABB）的 YuMi 机器人、发那科（FANUC）的 CRX 系列机器人、川崎重工业株式会社的继承者（Successor）机器人、库卡的 LBR iiwa 机器人、日本安川电机株式会社的 HC 系列机器人等都是人机融合装备的先驱和代表。目前来看，全球人工融合装备提供商有三类企业：一是拥有核心技术和全新理念的创新型公司，例如丹麦的优傲；二是传统的工业机器人巨头，例如“四大家族”；三是互联网企业，例如谷歌、亚马逊等。

总体来看，“人机融合制造”目前还停留在概念设定和局部的实际探索阶段，技术路线、技术标准、场景模式等还存在很大的不确定性，未来的发展取决于技术进步、市场应用的具体发展，也受政策的影响。日本、美国、中国在人机融合的技术研发、场景创新和模式探索上领先于其他国家和地区，这三个国家同样也是全球人工智能技术研发和产业应用的领先者。在人机融合相关装备研发和制造上，欧洲的机器人公司市场占有率很高。数字科技公司、装备制造（包括机器人）企业是目前人机融合制造的主要参与者，前者主要发挥在人工智能上的优势，在制造领域寻求新的增长点；后者借助的是对制造业和制造现场的深入理解，延续了从制造智能化、数字化、智能化的产业转型升级路线。各国对人机融合制造的政策支持基本包含在人工智能和智能制造的政策体系中，目前还鲜有针对人机融合制造的专门政策。

三、欧姆龙人机融合制造的实践

早在 2015 年，欧姆龙就提出了“i-Automation”生产现场解决方案的设想，包含了“新型人机协作（interactive）”“高速高精度控制（integrated）”“智能化（intelligent）”三大核心理念。同年，为了强化在自动化领域人机配合的技术能力，欧姆龙收购了美国最大工业机器人公司爱德普（Adept）。2018 年，欧姆龙推出了新的协作机器人系列——TM 系列，随后又陆续推出了重载荷的自动移动机器人（AMR）LD-250、HD-1500，这些机器人不仅无须地面磁条或壁装式信标即可安全地在人员和障碍物周围导航，自主避让，而且还可以和协作机器人手臂搭配使用，用于需要移动操纵的应用（MoMA）。在 2021 年中国国际进口博览会上，欧姆龙展出了一条突破性的智能单元生产线，将人机协作提升到了新水平。这条生产线融合了 AI、IoT（物联网）、大数据分析等先进技术，协作机器人与移动操纵机器人应用（MoMA）成为人类作业者最好的助手，与工人在同一生产现场通过互补、协助，实现柔性、高效、灵活的生产。这条生产线给参观者最大的冲击是：在一个人机共享的生产空间，机器人可以通过传感器感知人的动作，进一步判断人的熟练程度而调整机器自己的速度，熟练度低的时候设备速度就会慢一点，等人的熟练度提升后，速度就会快起来。在展会现场，零技能的参观者也可以通过指示完成一件产品，而机器完全配合人的节奏进行调整，这是典型的人机融合的制造现场。目前，欧姆龙已经可以提供从人机融合的机器设备，到协作机器人、移动机器人、移动操纵机器人应用（MoMA）以及人机协作智能化单元生产线的柔性制造工厂整体解决方案。

根据欧姆龙的官方介绍，“i-Automation”人机融合制造解决方案的核心载体是 TM 协作机器人。TM 协作机器人旨在实现与人和机器的协同工作，是欧姆龙在工业应用自动化技术一系列创新设计中的新成果。与传统工业机器人比较，TM 协作机器人有突出的特点和进步：一是柔性工作，一台机器经过简单的换装和学习，就能够满足各个行业、各个岗位的需求；二是快速启动和切换，TM 协作机器人嵌入 Plug and Play 生态系统容纳了部分品牌的机器人周边产品，用户可直接在软件系统中使用，通过简单的操作就能实现生产线的快速启动和场景的迅速转换，而不再需要掌握复杂的编辑语言，非常适合少量多样的生产线；三是内置视觉软件和相机，用户无须寻求第三方集成视觉系统，可直接使用 TM 自带的强大视觉功能，省去了额外人力和时间成本；四是极高安全性，用户仅需在可视化系统中勾选相应的风险部位，机器人便会自动调整设置速度极限，简单的安全设置省去了用户仔细研读机器人安全性能的各项参数和安全国标相关知识的时间；五是超强的移动性，用户可以轻松重新定位机器人到新的工位，TM 协作机器人也可以轻松链接移动机器人实现全自动的移动。所有这些设计和功能可以使 TM 协作机器人在任何用户需要的位置执行任何作业，从而将工作人员从重复性作业中解放出来，并提高生产效率。

欧姆龙的 TM 协作机器人和“i-Automation”虽然还存在诸多需要改进的地方，被制造业接受和应用还需要时间，但已经描绘了未来人机融合制造的一个基本框架，展现了人机融合制造的基本逻辑。

发展人机融合制造不仅是为了突破机器自身局限性，而且是重塑人与机器在制造现场的关系，让人重新回到主导和核心地位，机器则是人的帮手和从属。无论是 TM 协作机器人还是整个“i-Automation”系统，都强调人在制造过程中的中心地位。机器要理解和掌握人的自然语言，并以可视化的手段方便人了解自己的状态。未来的工人不需要进行专门学习就能直接操作机器。机器不一定要发挥最大的功效，反而是配合人的节奏，在动作上保护人的安全、在思想上服从人的指挥。

人机融合制造需要完善的制度保障。要通过加强劳动保障制度建设，以及制定规范使用机器的标准，保障人在未来制造现场的中心地位，人不能依附于机器；机器承担更多、更繁重的工作，但只能是人的帮手。欧姆龙等领军型机器人公司都在资助有关机器与人伦理关系的软科学研究。人机融合制造将彻底改变制造业的工作环境和工作状态，非全日制就业、临时就业、自营就业、远程就业、自由就业、兼职就业等就业新模式将在制造业成为可能。

人机融合制造会有不同的实现路径。在达到人机融合制造的最终理想状态之前，不同制造业部门因为技术特征不同，可能出现多种向人机融合制造演进的路径。欧姆龙 TM 系列协作机器人和 MoMA（移动操纵机器人）系统更适合劳动密集型的模块化产业，例如服装业、电子信息的装配环节等，而对于其他制造行业则需要另外创新的应用场景。例如，对于化工、冶金等流程类行业，人机融合制造的关键在于根据订单科学调节产量，以及机器协助工程师对生产流程进行无缝隙监管，防止安全事故的发生，降低产品残次比例，实现更高程度的循环经济。对于大飞机、高速铁路等复杂产品系统，人机融合制造应该更强调机器的可移动性，跟随工人并随时提供体力上的辅助，准时备料，提供各种参数信息，并能够发现和纠正工人可能出现的操作错误。

四、未来展望

尽管人机融合制造的具体实现路径还充满不确定性，但毋庸置疑的是，在未来的制造现场，人与机器的关系会更加和谐，人机融合是智能制造的重要特征。未来 5~10 年会是人机融合制造发展的关键时期，随着具体应用场景的不断涌现，人机融合制造将逐步收敛技术路线，并形成产业链和产业体系，各个国家和地区、各大机器人公司、互联网公司、创新创业公司将在产业链的不同环节、产业体系的不同领域分工合作。从人机融合制造自身的发展看，将呈现“进化”“集成”“人性”三大趋势。

从人机融合的程度看，人机关系进一步“进化”。人机融合制造将经历三个典型的“进化”阶段，实现不同程度的融合，最终达到最理想的状态。第一个阶段是交流融合，面向人的传感器的使用是这个阶段的关键。过去机器的传感主要针对加工对象和机器自身，而语言识别、视觉识别技术的成熟使得机器能够更快、更准确地理解人发出的指令，而不再需要复杂且专用性极高的机器语言作为人机交流的通道。界面“可视化”只是交流融合的过渡阶段，人机交流将向着机器能够直接理解人的自然语言、脑机直接对接等方向发展。第二个阶段是行动融合，人与机器可以同空间甚至有触碰地进行合作。虽然在很多服务业领域，人与机器（主要是计算机）有一段时间进行相互协同实现了诸多创新，例如金融机构以前多为少数大客户提供的服务，现在几乎可以为所有客户提供。但是在制造业，人与机器同平台工作还存在诸多技术和制度障碍，目前都只是在极少工厂的若干工位上有所尝试。第三个阶段是思想融合，人与机器进行无障碍的信息传递，并且可以共同学习进步。机器学习、生物传感、脑机接口是实现人与机器思想融合的关键性技术，机器将准确理解并完全配合人的指令，甚至根据不同工人的习惯调整自己，人与机器在岗位和任务上也不再有明确和固定的分工，在面对新情况、新任务时，机器和人能够同步学习。

从人机融合与其他智能制造技术的关系看，人机融合将更加深入“集成”到更大的未来制造系统中。前文已经提到，人机融合制造只是从人与机器关系的角度对未来制造现场的一种特征描述，人机融合是未来制造系统的组成单元，并且与其他的未来制造技术和模式相互融合发展。例如，太空制造是一种极具科幻色彩的未来制造模式，目前，我国空间站采用的人机互动的太空臂大大节约了宇航员的体力并保障宇航员的安全，人机融合也必然是未来太空制造采用的技术之一。

从人机融合的社会属性看，人机融合是要实现制造的“人性”。人工智能的快速发展开辟了众多全新的产品、产业和业态，大幅提升了生产效率，改善人们的生活，但同时也引发巨大的担忧。因此，人机融合制造的技术研发和实际应用，都必须同步推进相关的伦理研究和制度建设，保障人在未来制造现场处于主导的地位，机器必须服从人的指挥并配合人的工作。

第十一章
分布式制造

分布式制造是通过信息技术协调地理位置分散、具有不同生产规模和能力、使用不同应用工具平台的多个生产者与个人用户，建立面向最终产品开发和制造的合作关系，使用分散资源实现特定产品的小规模生产。

想象一下，如果一个产品的生产并不完全是由厂商自己决定，消费者可以按照自己想法设计产品，再由相关制造厂商联合生产出最终产品，这将是一种什么样的生产？法国玩具制造商 Smoby Toys（Smoby）是一家为婴幼儿生产室内和户外的塑料玩具的制造商，以其设计创新、色彩鲜艳而深受喜爱。自从 Smoby 开始将 FDM 3D 打印技术加入其制造流程，其市场竞争力进一步凸显，有了 3D 打印技术，Smoby 可以根据销售商或消费者要求，根据消费者对于玩具要求，轻而易举地将玩具 3D 模型设计出来，或用 3D 打印出高达 250 立方厘米的概念模型和技术原型，最后按照消费者同意的设计生产出最终产品。这种完全颠覆传统制造生产模式的生产方式便是分布式制造。

从 18 世纪第一次工业革命开始，现代化工业大生产便是人类文明进步的象征。无论是福特式流水线生产模式，还是现代跨国公司全球配置资源模式，现代产业变革的核心是通过大规模生产实现基于规模经济的节约成本，每一次技术变革都伴随着生产过程更加集中化、标准化和规模化。在资源稀缺的情形下，大规模生产能够完成以尽可能低的成本实现尽可能大的产出，以满足人们对物质产品的需要。但进入 21 世纪以来，物质生活逐渐变得丰富，而大众的需求正朝着不断个性化、多样化的方向演进，市场需求越来越离散化、个性化，传统大规模标准化生产模式由于无法适应消费端变化面临越来越大的挑战。为了满足消费者离散化、个性化需求，现代制造业对于灵活性、多样性、个性化的要求越来越高，如何在保证效率基础上，进一步尊重离散化、个性化的需求成为未来产业变革的核心。伴随着工业物联网和人工智能技术的快速崛起，新兴的分布式制造模式让人们看到了变革的方向和可能。分布式制造是一种用户广泛参与，以工业物联网和人工智能等现代技术为依托，实现多个生产企业密切协作的生产范式。

由此，分布式制造能够使大规模个性化制造成为可能，实现定制化、个性化的小规模生产。

一、动态联盟环境下的产品开发制造模式

（一）内涵

分布式制造（Distributed Manufacturing，DM），也称为分布式生产或本地制造，是一种动态联盟环境下的产品开发制造模式。具体而言，通过信息技术进行协调，使地理位置分散、具有不同生产规模和能力、使用不同应用工具平台的多个生产者与个人用户，建立面向最终产品开发和制造的合作关系，这种使用分散资源进行的小规模生产被称为分布式制造。分布式制造兴起的原因主要是为了满足人们个性化、离散化的需求，在传统制造模式下，满足离散需求的个性化制造意味着有速度慢、质量低、成本高等问题，而分布式制造通过点对点的小规模生产，能够很好地解决这一问题。分布式制造能够快速兴起主要有两个原因：一是现代信息技术发展，使消费者与生产者、生产者与生产者之间能够快速实现信息交互；二是工业物联网、人工智能、3D 技术等技术发展[①]，使小规模生产能够克服传统制造模式的速度慢、质量低、成本高等问题。

广义上的分布式制造分为四类。①分布式流水线（Flow Shop），一系列流水作业车间，若干条流水线同时参与生产制造，工件在每台机器上的加工顺序都一样。②分布式作业（Job Shop），所有工件都有各自的加工顺序，各自顺序可能不一样，并且分布式作业每个工件不需

① Lei R，Lin Z，Wang L，Chai X. Cloud Manufacturing：Key Characteristics and Applications. International Journal of Computer Integrated Manufacturing，2017，30（6）：501-515.

要经过所有机器（集），可以跳过某些工序。③分布式带装配（Assemble），产品加工完成之后，需要进行装配，这种模式下加工是分散的，装配是集中的。④分布式柔性制造（Flexible Manufacturing），制造产品的机器各不相同，每个产品都有个性化制作顺序并由个性化零部件构成。狭义上的分布式制造就是特指分布式柔性制造，分布式柔性制造是建立在满足分散化需求之上的小规模生产。

（二）特点

分布式制造主要围绕企业设计师建立技术应用核心，在构建客户中心的基础之上，满足产品小批量单件生产优化要求。与传统大规模生产方式相比，分布式制造模式具有以下特点（见表 11–1）。

1. 满足离散化、个性化的需求

传统生产模式较少考虑消费者的反馈，但当今世界正变得更加多样化，人们的需求也越来越离散化、个性化。在更广泛的工业品领域，小批量制造正在为人们所熟知，以更短的产品研制周期实现产品快速迭代，满足特定群体的个性化需求正成为未来制造的方向。小批量制造需要整合设计建模、中间品制造、多种后续处理协同等一系列工序的能力，不再是以企业为中心组织生产，而是以产品为中心组织生产。分布式制造正是满足消费者离散化、个性化需求的重要生产方式，分布式制造通过提高各环节的适应性实现面向消费者的柔性制造，尊重消费者的个性化需求，提高消费者的产品体验感。

2. 去中心化的小批量制造

在传统大规模生产模式中，通过供应链的聚合、规模化生产来不断降低边际成本已经成为一种基本模式，大规模制造的核心是通过规模经济节约成本，因此中心化集聚趋势明显。这种集聚不论是在空间上还是在行业内部都体现得比较明显，比如主要产业都分布在几个核心大城市，而行业内部也会存在 1 ~ 2 个龙头企业。而分布式制造为了适应消费者离散化、个性化的需求，其核心是通过小批量生产来满足个性化需求，这种小批量生产不再具有传统大规模生产的中心化特征，而是以分散化为特征。

3. 多厂区快速复制有效协作

由于分布式生产的小规模化特征，产品生产可能会涉及多个地理上分散的生产单元，故提升分布式制造竞争力的关键就是要提高各厂区的有效协作能力。就像软件系统的分布式系统一样，真正的分布式制造能够实现快速复制、快速扩容，传统工厂的分点开设往往耗时耗力，更多的是依赖于领导者的管理能力；分布式制造则要求分布在各地的工厂之间能进行有效协同、能进行产能的动态调配，整个体系要能够像神经系统一样，各个突触和核心大脑之间是有强连接、强交互的，各个单元如臂使指，形散神聚。随着工业物联网和人工智能技术的快速发展，能进一步降低厂商间协作成本，协调分布制造的速度与品效，在更大空间范围内实现效率提升和柔性生产，提升分布式制造竞争力[①]。

4. 价值网链下安全与效率协同提升

传统大规模生产一般会形成上下游的价值链，这种价值链在提升效率的同时也会带来安全性问题，而分布式制造不仅仅面向内部生产体系的分布式，由于小规模生产的特性以及大量中小企业的存在，在工业物联网和人工智能技术的协助下，分布式制造是构建联接、协同、共生的价值网链。价值网链包含了众多上下游合作伙伴，将原本固定链式的供应变成了动态伸缩、透明可预期、具有网状特征的价值网链。

① 夏择民：《区块链与制造业转型升级：应用前景与挑战》，《岭南师范学院学报》2022 年第 1 期，第 104–111 页。

由于分布式制造形成的价值网链使单链变成网链，网链能够对任何一点的断裂进行自我修复、自我调整，因此分布式制造形成的价值网链能够实现效率和安全协同水平同步提升[①]。

表 11-1 传统制造与分布式制造比较

	传统制造模式	分布式制造模式
推动力量	规模经济	分散化需求
生产模式	大规模生产	小规模生产
产品特征	标准化	个性化
产业布局	价值链形态	产业网链形态
支撑技术	生产流水线、工业机器人、现代企业管理等	工业物联网、人工智能、3D 技术等

资料来源：作者整理。

二、分布式制造的发展现状

3D 打印是推动分布式制造发展的重要支撑技术。3D 打印又称增材制造（Additive Manufacturing），最早可以追溯到 20 世纪 80 年代。其基本原理是在计算机控制下，利用光固化和纸层叠等快速成形技术，堆积离散材料，并最终完成零件的成形与制造的技术。3D 打印制造过程主要分为两个阶段。一是产品 3D 模型设计，主要是通过计算机建模形成产品的三维模型，并将三维模型分成逐层的截面，从而指导打印机逐层打印。二是打印，3D 打印机通过读取文件中的横截面信息，用液体状、粉状或片状的材料将这些截面逐层地打印出来，并将各层截

① 赵忠，谢家平：《分布式多工厂制造 / 再制造生产计划的优先模型》，《统计与决策》2009 年第 7 期，第 161–163 页。

面粘合起来从而制造出一个实体。与传统制造主要通过切削、打磨、冲压来实现产品成形不同，3D 打印技术是一种自下而上、分层制造、逐层叠加的制造方法，在个性化小规模生产中具有明显的效率优势和成本优势，能够在很短的时间内生产结构复杂的零部件。随着人们生活水平不断提高和偏好个性化、分散化不断演化，这种速度快、质量高、成本低的个性化制造模式正悄然崛起，并将带来巨大的生产变革，目前已经在医疗、教育、航空航天、军事等多个领域广泛应用。

（一）欧美等发达国家和地区 3D 打印主要政策支持及发展现状

3D 打印技术正在成为未来科技竞逐的主战场，欧美各国纷纷制定了推动 3D 打印技术发展的国家战略。以美国为例，2012 年 3 月，美国政府出台了振兴美国制造业的新方案，并以此来改革美国传统制造体系，提高美国在世界制造中的地位。其中，该方案提出的三大背景就明确包含 3D 打印技术，强调通过改进 3D 打印材料、打印装备及技术标准，实现根据个性化设计的小批量、低成本数字化制造。2012 年 8 月，美国政府主导成立了 3D 打印创新研究所，该研究所联合了宾夕法尼亚大学等 14 所大学、40 余家企业、11 家非营利性机构和其他专业协会，旨在通过聚合研发能力和资金实力来加速 3D 打印技术发展。2022 年 5 月，美国政府又颁布了加速开发 3D 打印技术的计划（AM Forward），该计划指出美国大型设备制造商（OEM）将全面支持中小型企业（SME）使用 3D 打印技术，帮助它们提升工业制造能力和解决供应链问题，该计划对所有 OEM 开放，并支持采用 3D 打印技术。在美国政府的一再鼓励下，美国涌现出了很多全球领先的 3D 打印企业，比如 3D Systems 是目前全球主要的 3D 打印企业之一。

欧洲方面，英国、德国、西班牙、法国等国也有推动 3D 打印技术发展的相关计划。早在 2011 年，英国政府就开始对 3D 打印技术增加研发支出，在这一政策驱使下，英国设立3D打印研究中心的大学越来越多，在2011年以前仅有拉夫堡大学一个，此后，诺丁汉大学、曼彻斯特大学等都相继成立各自的3D打印研究中心；并且在英国工程与物理科学研究委中也设有3D打印研究中心，从而形成了一个覆盖广泛的3D打印研究体系。德国专门成立了推动3D技术发展的直接制造研究中心，其主要职责是研究和推动3D打印技术在航空航天等领域轻量化方面的应用。

亚太方面，澳大利亚政府主要将3D打印技术瞄准在航空航天等高技术领域，早在2012年就开始通过“微型发动机3D打印技术”支持3D技术在航空航天领域的运用。日本政府也高度重视3D打印技术发展，一方面对于3D打印企业给予充足的优惠政策；另一方面，在诸如航空航天等重点领域，通过整合科研和资金，使产学研用紧密结合，有力地促进了相关领域的3D技术应用。

（二）中国3D打印主要政策支持及发展现状

中国十分重视3D打印技术发展，例如，2016年，国务院印发的《“十三五”国家科技创新规划》中就明确要发展增材制造（即3D技术）等技术；2017年，科技部印发的《“十三五”先进制造技术领域科技创新专项规划》也将增材制造（3D技术）作为重点发展领域，受到国家重点资助。在一系列的政策支持下，中国3D打印技术正蓬勃发展。从全球3D打印市场竞争格局看，全球领先的数据提供商Xignite在2021年发布了全球3D打印排名前25的企业名单，进入排行榜的中国企业有5个，分别是西安铂力特增材技术股份有限公司、永盛新材料有限公司、实威国际股份有限公司、武汉金运激光股份有限公司与力新国际，可见中国3D打印技术在国际上具有比较强的市场竞争力。

三、玩具制造商 Smoby 的 DM 实践

（一）一个具体应用：3D 打印为婴幼儿打造“玩具天堂”

法国玩具制造商 Smoby（智比）是一家为婴幼儿生产室内和户外塑料玩具的制造商，以其设计创新、色彩鲜艳而深受喜爱。玩具制造的一个关键是产品本身的安全。为婴幼儿以及年龄较小的儿童设计的玩具需要有紧密的配件、光滑的接头，并且不能有粗糙、锋利的边角。在生产方式上，Smoby 以大规模生产为主，这样会导致一些玩具并不受市场欢迎。为提升竞争力，Smoby 找到了一种方法来改进玩具设计和制造流程——3D 打印。

早在几年前，Smoby 就开始将 FDM（分频多任务）3D 打印技术加入其制造流程。使用 3D 打印最大的优势在于，能将精确的原型拿在手中，获得真实的触感。这种触觉元素至关重要，尤其是在玩具行业。通过 3D 打印技术，Smoby 制作了不同比例的模型和原型的迭代，提高了设计流程整体生产的效率。从木头和石膏原型转变为 3D 打印后，Smoby 开发速度提高了 50%，整体设计流程得到改进，也节省了传统制造工艺中写加工代码所耗费的时间。因此，产品研发的速度提高了，设计验证也能更早完成，更有效率，不再需要用传统工具来打磨和清洁零件，这不仅节约了时间，也让设计充满无限可能。每当设计师有了新的创意，管理层就能凭借概念模型来确定体积和形状，而技术原型则会被用来确定即将投产的玩具的设计。有了 3D 打印技术，Smoby 能够制作出更富创意的原型，更大胆地去探索而不用害怕出错，过去使用传统工艺来开发原型所耗费的时间和成本如今不再是困扰。3D 打印能将创意付诸实践，并且能立即检查样品的质量，如果不满意，几

小时便可以再制作一个新的样品。

在生产方式上，Smoby 也进行了革新。根据销售厂商和消费者要求，Smoby 开始小规模定制设计玩具。以前由于研发设计速度慢，Smoby 主要根据自己的理念和想法设计玩具。现在，按照消费者对于玩具的想象和要求，Smoby 可以轻而易举地将 3D 模型设计图设计出来，并让消费者进一步审核是否符合要求；Smoby 也可以轻而易举地用 3D 打印出概念模型和技术原型，最后按照消费者同意的设计生产出最终产品。在这个过程中，如果按照消费者意见设计的产品 Smoby 无法独立生产，Smoby 也可以寻求与其他玩具厂商或零部件供应商合作。互联网技术使信息传送更加快速，Smoby 将最终产品设计结果有关玩具零部件的信息发送给与他们有合作的供应商。这些合作供应商可以在很短的时间内提供符合要求的零部件，当然这些供应商很多也在使用 3D 打印技术，这样就形成了一个针对最终玩具产品的暂时合作关系，具有典型的分布式制造特征。

目前，Smoby 已经与多家企业建立了合作关系，能够针对不同玩具形成多个合作关系，从而使 Smoby 能够设计和生产的玩具越来越多样。如今，通过 3D 打印技术的赋能，Smoby 的产品有沐浴玩具、锻炼运动技能的玩具，还有户外滑梯、游戏屋、三轮脚踏车等，Smoby 的 FDM 3D 打印机每天都会运行超过 18 个小时来满足消费者对新设计的需求。现在，Smoby 几乎所有的产品都使用了 3D 打印技术，能够在公司内部生产玩具模型和原型，让 Smoby 在设计和上架速度上获得了巨大的优势，使得他们在欧洲玩具市场的竞争力进一步增强。

（二）3D 打印技术赋能分布式制造的特点

1. 兼容并重构现有制造模式

3D 打印技术不仅颠覆了现有制造模式，同时可以兼容、重构现有制造模式，推动分布式制造发展。在3D打印制造模式下，由于充分运用了计算机的建模功能，通过计算机建模与打印机直接相连，并不像传统制造那样受模具限制。并且由于计算机建模相对简易，消费者和相关企业可以通过在线沟通随时调整设计模型，从而使消费者意见能够在产品设计和生产中充分体现。因此，3D打印真正实现“从想法到产品”的快速转换，并且基于计算机的模型设计既可以实现传统制造的大批量单一品种生产，更可以实现传统制造无法实现的小批量多品种生产。这既是对传统制造模式的兼容，又是对传统制造模式的重构。由于制造资源、制造技术不再为某些核心成员所垄断，从形式上达到了“去中心化”的目的，才能实现制造网络的自组织和增长壮大[①]。当整个社会上的构成节点都纳入制造网络的时候，就形成了分布式制造的雏形。

2. 用户全程参与制造

3D打印技术也改变了传统制造模式中消费者的角色。在传统制造模式之下，消费者只能作为“消费者”，企业生产什么消费者购买什么，对于产品的设计并不能提供更多意见。而在3D打印技术下，消费者可以全程参与产品的设计和制造，从原来的单纯“消费者”向“设计者”“制造者”转变[②]。3D打印制造模式通过需求共享、设计共享、平台销售等形式协同顾客需求价值和企业价值创造，既实现顾客个性化需求，又最大化利用了资源，真正做到了集资源整合、价值增值和知识创新于一体。这极大地拉近了消费者和生产商之间的距离，借助成熟的社交网络，企业和顾客可以进行需求信息的互动和交流，消费

---

① 戢守峰，金玉然：《基于3D打印技术的制造企业分布式生产网络优化》，《工业工程与管理》2018年第5期，第15–23页。

② 苏秦，杨阳：《3D打印颠覆性创新应用及商业模式研究》，《科技进步与对策》2016年第33卷第1期，第9–15页。

者和制造过程能够实现更紧密的互动。顾客的主权意识和个性化需求使顾客有动力参与产品价值创造的全过程，实现真正意义上的个性化定制。

3. 参与主体类型多

3D 打印制造模式下的参与主体不再只有生产者，而且还包括设计师、创客甚至普通消费者等多个参与主体。3D 打印制造模式运行源于消费者所需个性化产品和服务，经过对设计方案的重重筛选能最大限度满足消费者个性化需求，并将相关信息传递给相应的制造业企业进行制造匹配。在此之后，企业将根据消费者的位置信息和制造需求信息，选择就近合适的 3D 打印网络社区进行制造，尽快将产品交到消费者手中，实现“分布式制造”过程，最大程度减少或避免供应链中间环节的库存和配送环节。最后，消费者收到产品之后，根据产品性能和感受将信息反馈给企业，也可交由就近的 3D 打印网络社区进行重复利用，实现产品的绿色制造。

4. 价值流动方向不确定

从价值创造的角度来看，分布式制造模式中的价值创造过程将彻底被重塑。传统制造模式是由单一的价值链构成，因此价值流动是有规律的自上而下或自中心向边缘流动；而 3D 打印生产模式由价值网链构成，价值流向将呈现一个去中心化且动态变化的网络，不再有明确的价值流动方向。随着分布式网络制造模式不断发展，3D 打印将成为一个有普遍标准的制造流程，消费者将成为整个制造过程的组织者，而传统制造过程中涉及的节点都将隐藏到制造环节末端去，并且不与消费者直接接触。设计等服务供应商成为制造环节中的另一主要节点，通过“云平台”组织相应的虚拟资源，为消费者提供设计、分析甚至仅仅承担中介服务。消费者对制造过程的影响日趋明显，价值流动不再有固定的方向，呈现复杂的网络状并不断发散①。

四、未来展望

当前，分布式制造正在蓬勃兴起，并且在某些领域已经取得了非常重要的应用成果，要实现分布式制造的广泛应用，进而引领未来制造，不论是自身技术，还是产业形态以及应用领域都有很长的路要走。根据笔者浅显的判断，未来分布式制造可能会呈现出以下发展趋势。

（一）分布式制造对传统制造的冲击和替代将会由点到线到面，实现全面渗透

当前，分布式制造主要有材料供应、简单制造和末端产品服务等形式，还停留在对传统制造部分环节的有限替代层面，这是由于分布式制造还处在产业发展初期，技术推广和市场规模有限，导致产业发展呈现出点状特征。长期来看，分布式制造对传统制造的冲击将不断延伸，实现对传统制造产业链的分段替代甚至整体重构，而产业内部各企业也会沿着新建的产业网链实现内部专业化分离，专业材料供应商、专业产品设计商会出现产品设计服务独立或向下游消费企业转移，从而实现从传统制造模式的中心化向分布式制造的无中心化演进。

（二）分布式制造将逐渐形成完整的产业网链

从分布式制造当前的产业布局看，分布式制造技术主要应用在制造业的部分环节，还是依赖于传统制造形成的价值链，分布式制造企业内部没有联系，没有形成分布式制造的产业网链，还是依附于传统制造模式。中短期内，分布式制造技术的应用可能仍会集中在产品设

---

① 孟炯，郭春霞：《3D 打印分布式智能制造模式创新》，《软科学》2017 年第 1 期，第 39-43 页。

计和工具制造环节，即还依附于传统制造形成的价值链；但长期来看，随着数智化时代到来，数字资产将呈现暴涨趋势，分布式制造将建立起自身的产业网链，使得分布式制造产业网链上生产者和用户的联系进一步深化，进而实现对传统制造模式的全面替代和升级。

（三）分布式制造将从制造领域直面消费领域，实现平台化生产

当前阶段，主要的分布式制造企业主要集中在工业领域，其功能主要是对传统制造部分环节的替代或者完善，还没有直接面向消费者，实现分布式制造在个人消费品领域的扩张。分布式制造的核心要义是要满足消费者离散化、个性化需求，未来的分布式制造将从目前局域制造领域向消费领域扩张，在个人消费领域，分布式制造平台化趋势将会进一步凸显，信息交流、工序对接、创意分享等平台的出现和发展将推动分布式制造高速发展，使得消费创新设计不断涌现，并与线下的分布式制造厂商紧密融合，真正实现个性化的分布式制造。

第十二章 共享制造

共享制造又称制造共享或者制造资源共享，是共享经济模式在生产制造领域的应用创新，指围绕生产制造各环节，运用共享理念将分散、闲置的生产资源集聚起来，弹性匹配、动态共享给需求方的新型产业组织形态。

不拥有房子的爱彼迎（Airbnb）是全球第一大民宿服务商，不拥有出租车的优步（Uber）是全球最大的租车公司，这两家企业都是共享经济模式的典型代表。得益于移动互联网、数字技术等新兴科技的发展，共享经济得以迅速扩张，共享汽车、共享单车、共享充电宝等多种类型的共享经济模式相继涌现。随着共享经济模式在制造业领域的应用发展，涌现出淘工厂、生意帮等诸多共享制造服务平台。共享制造利用互联网、物联网、云制造等先进技术搭建制造产能的共聚和共享平台，通过精准化和智能化的供需匹配和调度，实现了企业之间的网格化协同发展。

共享制造早期雏形为服装、电子信息等行业的代工模式。在此模式中，企业专注于研发设计，将生产制造环节委托给具有制造资源的代工厂。同时，代工厂为同行业内一家或多家企业进行代工生产。"共享制造"的正式概念最早由 Brandt（1990）①提出，指当时美国的大型企业为了帮助小企业进行全球化竞争，将闲置的生产设备和先进的生产技术通过租赁的方式与中小企业进行共享。2000 年，全球最大的制造业 B2B（Business-to-Business）在线交易平台 MFG 于美国成立，该平台旨在通过共享制造服务以解决制造领域的所有业务需求。除了连接供需双方的第三方平台，一些以大型制造企业为主导的制造产能平台模式也相继出现。例如由制造业的百年巨头通用公司成立的 Predix 平台，将各种工业资产设备和供应商相互连接并接入云端，以供企业和其合作伙伴进行"互操作"与共享，并提供资产性能管理和运营优化服务，以帮助企业提升制造能力。

总之，共享制造改变了传统制造业生产组织形式与交易模式，生

① Brandt E. Deborah Wince-Smith：A Vision for Shared Manufacturing. Mechanical Engineering，1990，112（12）：52.

产制造过程中的知识、软件、硬件、生产设备、人才等资源都可共享，实现了企业之间的协同合作。产能需求方可通过此模式降低生产成本与投资风险，产能供给方则可提高产能利用效率。

一、围绕生产制造各环节构建的新型组织形态

（一）概念界定

共享制造是共享经济模式在生产制造领域的应用创新，是围绕生产制造各环节，运用共享理念将分散、闲置的生产资源集聚起来，弹性匹配、动态共享给需求方的新型产业组织形态①。传统制造行业易受供需双方信息不对称的影响，出现产能过剩、设备闲置率高、生产季节性波动大等问题，很难实现供需平衡。随着信息技术和通信技术的发展，共享制造借助互联网平台的连接作用，有效缓解了供求双方信息不对称，实现了制造业闲置设备、技术和人才的供求匹配合理化与高效化。对于有制造需求的企业，可以共享使用所有权属于其他企业的制造设施和资源，如设备、劳动力和空间等，从而获得大规模制造带来的益处，而不必花费高额成本投资于自身制造设施的建设。同时，提供制造服务的企业也可以通过生产设备和生产资源的共享，降低机器闲置率并释放产能。总之，共享制造作为一种新型制造模式，提高了资源的利用效率，降低制造成本，提高生产效率，增强制造业的竞争力。

（二）主要特征

作为一种数字化新型制造模式，共享制造主要呈现以下发展特征。

---

① 工业和信息化部：《关于促进共享制造健康发展的指导意见（征求意见稿）》，2019 年 8 月 20 日。

第一，使用权高于所有权。一方面，企业只需专注于其拥有的核心资源，在有生产需求时对不同制造环节可拥有使用权，而并不涉及所有权的流转，从而大幅提高制造资源的利用效率，也通过间接降低企业的生产成本提高了全要素生产率。另一方面，共享制造模式的本质是制造资源使用权的共享，通过将制造能力需求方和供给方精准匹配、动态共享，提高了制造资源的配置效率和利用效率。

第二，高度开放性。在共享制造模式下，即便是单个生产设备、单个研发人员，也可以参与到共享制造的整个生态系统。对于需求方来说，即使订单量较小，也可通过共享制造平台满足其个性化定制的生产需求。共享制造模式降低了从事制造的市场门槛，通过丰富参与制造的主体推动了制造产能的多样化，进一步提升了产品的丰富度。

第三，订单的灵活性。共享制造模式包含生产制造环节中的各类资源共享，需求方既可以通过共享制造模式获取一站式的制造服务，也可以根据其生产需要专注于某一环节的制造服务，订单模式更为灵活。从资源类别来看，共享制造既可以共享研发、技术服务等软资源，也可以共享生产设备、厂房、仓库等硬件装备和资产，从而给参与主体提供了更为灵活和多样的参与方式。

（三）主要分类

根据平台模式、运行特征及相关企业的作用，共享制造可分为传统代工型、中介型、链主主导型和协同型[①]，如表 12–1 所示。

① 晏鹏宇，杨柳，车阿大：《共享制造平台供需匹配与调度研究综述》，《系统工程理论与实践》2022 年第 42 卷第 3 期，第 811–832 页。

表 12-1 不同共享制造模式对比

主要模式	传统代工型	中介型	链主主导型	协同型
主要运营方	代工厂	第三方互联网平台	大型制造业企业	中小微企业
服务对象	由行业内的代工厂面向不具备生产能力的企业	有闲置资源、生产能力和有订单需求的制造型企业、生产型企业	制造业企业内部、中小微初创企业	同行业有订单需求的企业
主要特点	生产供给方和需求方直接对接，多为行业内企业	精准匹配供需，提高资源利用效率	平台企业向社会开放自身优质资源，助力中小企业创新创业	订单共享、协同生产
共享内容	生产能力供给方向需求方提供生产制造资源	创新研发资源、生产制造资源、服务资源	共享龙头制造业内部研发技术、制造流程、营销渠道、服务保障等内部资源	共享使用制造设备、生产流水线、办公或仓储空间、工人资源等各类生产要素
代表企业	富士康、申洲国际	海工厂、海智在线	海创汇、海天云网	生意帮

资料来源：作者根据相关资料整理。

第一，传统代工型共享制造，该模式通常是由制造服务提供方和需求方直接对接。代工模式通常包含 OEM（原始设备制造）、ODM（原始设计制造）、EMS（电子制造服务）、CMMS（零主件、模块化、动态速度、服务）四种形式[①]，以 OEM 为例，有制造需求的品牌方自身并没有制造工厂和相应产能，而是利用其核心技术自主研发和设计产品，将制造环节委托给具有生产能力的代工厂，再将所订购产品贴牌销售。有制造能力的代工厂不拥有具体产品的商标、品牌、专利等，而是利用其生产设备为制造需求方提供制造服务。OEM 代工模式是社会化大生产发展的必然结果，

① 郑胜利：《发展“自主型国际代工”迈向“共享式经济增长”》，《中国发展观察》2010 年第 1 期，第 29–32 页。

在电子信息产业有广泛应用，微软、苹果、IBM（国际商业机器公司）等知名企业都采取了该生产模式。OEM也是我国制造企业参与全球生产网络的重要形式。

第二，中介型共享制造，该模式通常是由第三方搭建的线上交易服务平台，该平台不具备制造能力，而是连接供需双方，汇集创新研发、生产制造、配套服务等资源，通过提供线上交易服务以达到供需双方精准匹配，从而实现资源优化配置。中介型平台常见的工作流程主要包括发布需求、平台接单、订单工序分解、精准匹配供方、售后保障等。典型的应用案例为“淘工厂”，该平台是阿里巴巴旗下连接淘宝卖家与制造工厂的平台，通过汇集海量工厂资源，旨在联通线上供应链生态系统，帮助电商解决寻单难、翻单难等问题。

第三，链主主导型共享制造，该模式通常由链主型大型制造企业牵头搭建成立，大型企业通过开放共享研发技术、制造流程、营销渠道、服务保障等内部资源，吸引了大量中小企业集聚，促进大中小企业之间的优势互补，提升整体制造能力。一方面，借助链主企业内部开放性资源，中小企业可通过节约生产成本、提升创新能力等方式提升其竞争力；另一方面，企业集聚促进了生产要素的流通，从而产生知识溢出效应并有利于提升链主企业内部的创新活力。典型企业为海尔股份有限公司的海创汇，中国航天科工集团有限公司成立的航天云网，它们都是依靠大规模制造业企业，以“资源共享、能力共享、互利共赢”为目标形成的共享制造服务平台。

第四，协同型共享制造，该模式主要是由同行业、同区域内的众多小微企业共同搭建而成。参与企业通过租赁或购买，共享使用制造设备、生产流水线、办公或仓储空间、劳动力等各类生产资源，从而实现订单共享和协同生产。协同型共享多基于类似的生产资料或生产线，同一参与平台多为同一行业，地理分布相对集中。代表企业是生意帮，该平台是国内首个协同制造平台，2018年数据显示，该平台汇聚了2400家模具厂、6500家加工厂、2700家表面处理厂等在五金、塑料加工领域的小微工厂。

二、共享制造的发展条件

（一）国内外发展概述

代工模式是共享制造的早期形式。随着互联网信息技术、平台经济的不断发展，共享制造也迎来了新的发展阶段。在互联网时代，共享经济模式最初主要应用于消费端，包括共享汽车、共享住宿等，随后共享经济也逐渐向制造端深化扩展。共享制造经历过萌芽阶段、初步发展阶段到现在的快速发展阶段。

1. 萌芽阶段

早期的共享制造主要以共享代工的形式出现，以富士康、申洲国际为代表。这一时期的共享制造模式较为单一，主要是由生产需求的品牌方通过合同委托的方式委托有生产能力的代工厂进行生产。在传统的代工模式中，受信息沟通不畅或信息更新不及时的影响，易出现订单过量或订单不满，从而造成订单过量时生产困难与订单不满时资源浪费的情况。此外，传统代工主要为大批量、大规模制造，难以满足多品种、小批量、定制化的生产模式。随着消费者对个性化、定制化、多样化消费需求的转变，共享制造模式也由规模化向“小快灵”转变。

2. 初步发展阶段

互联网技术的应用为企业的发展注入了新动能，互联网平台经济迎来快速发展的阶段。在这一阶段，共享经济主要集中在服务领域，包括共享汽车、共享住宿等，一大批共享经济模式的互联网企业开始涌现，例如爱彼迎，滴滴出行等。同时，共享制造平台也陆续涌现，例如阿里巴巴、MFG（全球最大的制造业 B2B 在线交易市场）等，企业可通过阿里巴巴平台从全球范围内采购原料，也可通过 MFG 寻找优质供应商、对接制造业务等。

3. 快速发展阶段

随着移动互联网技术、大数据、云计算、物联网、第三方支付软件等技术的发展，共享经济商业模式日趋成熟，吸引了大量用户和资本参与，共享经济也进入了新的发展阶段。在共享经济领域，一批具有代表性和影响力的独角兽企业诞生，许多企业开启了本土化的创新模式。共享制造的模式也更多样化，除了中介型共享制造平台，还诞生了诸多类型的共享制造平台，如链主主导型、协同型共享制造平台。

（二）国内外整体发展分布

美国的共享制造涵盖智能医疗、汽车、消费品、航空航天、能源等领域，代表企业有 Fictiv（硬件制造交易平台）、Xometry（按需零部件制造平台）、MakeTime（按需制造平台）等，这些企业提供的服务涵盖 3D 打印、数控加工、注塑成型等多种制造工艺。欧洲的共享制造广泛应用于智能制造、生物制造、建筑设计等，代表企业有荷兰的重型机械分享平台 Floow2、3D 打印制造分享平台 3D Hubs 等。欧洲的共享制造企业除了注重降低制造成本，还注重环保与可持续性，致力于推动绿色制造发展。

根据国家信息中心发布的《中国共享经济发展报告（2022）》，2021 年中国共享经济市场交易规模约为 36881 亿元，同比增长率为 9.2%，细分领域生活服务、生产能力和知识技能的市场规模位居前三位，生产能力主要指共享制造，市场规模为 12368 亿元，占总规模的 33%。随着互联网的发展和消费者接受度的提高，中国共享制造的规模也在不断增长，涌现了一大批具有竞争力的共享制造企业，如广州智造家网络科技有限公司、淘工厂（淘宝天猫集团的工厂电商全托管模式）等。共享制造在多个制造领域如汽车、机械、医疗、建筑等都有应用。

（三）支撑条件

1. 数字技术的进步

互联网、人工智能、云计算等信息技术的发展是共享制造平台得以快速发展的重要前提。信息技术不仅为共享制造的发展提供了虚拟的网络交易平台，更在信息共享、数据分析、安全运营等各个环节发挥了重要作用。在信息共享阶段，平台将闲置且分散的生产资源以数据化、信息化的方式进行存储与分享，有效提升了资源利用效率，且随着传感器应用范围的扩大，信息连接的颗粒度变得更小，效率更高。在数据分析阶段，共享制造平台对生产端数据和需求端数据进行汇总，以帮助双方精准匹配。在安全运营阶段，平台方可将交易双方的信用评价、合作方式、履约率等重要数据进行采集，实现对交易过程的追踪与监控，以保障交易的顺利进行。

2. 柔性制造技术的成熟

柔性制造是指依靠高度柔性的生产线、计算机数控机床等设备来实现多品种、小批量、更灵活生产的模式，这是共享制造得以实现的重要条件。在柔性化生产过程中，企业会将产品按照其功能进行模块化设计与生产，从而加强制造环节的标准化和灵活性，以实现制造柔性化。同时，随着数字技术的发展和在制造领域的应用拓展，设计研发、产品验证、制造工艺等传统制造环节均可借助数字技术完成，这有助于实现整个制造环节的标准化和可拆分性，从而为共享模式在制造领域的应用提供了便利条件。

3. 政策的支持

随着服务领域共享经济模式在实践中的成功，共享经济思维与制造业的融合也获得了越来越多的重视。共享制造是实现资源优化配置的有效途径，各国政府颁布了一系列措施推动共享制造的发展。欧盟委员会专门成立了欧洲分享经济联盟，该组织致力于连接政府与共享经济实体，向决策部门提供翔实数据与可推广方案，从而推动共享经济的创新发展。我国政府也高度重视共享制造的发展，近些年国务院、工业和信息化部等相关部门也出台了一系列政策措施以促进共享制造的发展，例如 2020 年工业和信息化部等 15 部门印发的《关于进一步促进服务型制造发展的指导意见》中指出“积极推进共享制造平台建设，把生产制造各环节各领域分散闲置的资源集聚起来，弹性匹配、动态共享给需求方”，2021 年国家发展改革委等 13 部门发布的《关于加快推动制造服务业高质量发展的意见》中指出“培育共享制造、共享设计和共享数据平台”，2022 年国务院印发的《“十四五”数字经济发展规划》中提到了“围绕共性转型需求，推动共享制造平台在产业集群落地和规模化发展”。

三、淘工厂共享制造的实践

淘工厂是共享制造的典型平台，通过对该共享制造平台发展历程、运行模式、支撑条件的分析，可以进一步加深对共享制造的理解。

（一）淘工厂的发展概况

淘工厂是阿里巴巴旗下 1688 事业部于 2013 年成立的连接淘宝卖家与工厂的平台，是中介型共享制造平台的典型代表。淘工厂平台将入驻工厂和注册商家连接起来，利用其开放化的平台、精准的数据信息和完善的生产服务体系，以帮助供需双方实现供需信息精准匹配、订单对接与生产资源共享。该平台早期的服务对象主要是服装加工类厂商，随着数字经济和电商平台的深化发展，所涉猎的产业持续扩大，目前涵盖家装建材、服装加工、设备转让、交通能源等。淘工厂将众多领域的生产厂商连接起来，为商家用户提供了定制、便捷、灵活的生产加工服务。需求方可以通过淘工厂平台登记订单数量、交货周期等具体的生产需求信息，同时供给方可将生产品类、制作周期、生产方式等有关生产能力的信息进行发布，淘工厂将供需双方的信息共享以帮助其进行双向选择，通过供需精准匹配可成功解决商户“有订单没产能”和工厂“有产能没订单”的难题。该平台将零售端和生产端数据打通，帮助供需双方实现资源的优化配置，提升了生产效率。淘工厂已成为国内最大的中介型共享制造平台，截至目前，已覆盖全国14个省份150多个城市，1800多个核心产业带，1万多家优选的源头工厂，已经为3亿多消费者提供了相应的服务。

（二）淘工厂的运行模式与发展条件

互联网平台是实现共享制造的有效途径，在互联网的虚拟平台中，供货方、需求方和平台方基于各自的目标与利益汇聚于此，促进了资源优化配置、提高了生产效率。需求方旨在降低生产成本与交易风险，对于缺乏生产能力的小微企业或电商来说，其需求还包括小批量、定制化的生产服务，这会驱动商家用户在共享制造平台寻求众包生产。供给方旨在降低生产资源闲置率、提高资源利用率，为了满足多方客户的生产需求，会借助共享制造平台选择柔性化的生产组织形式。平台方将需求方和供给方进行匹配，并提供涵盖整个交易流程的配套服务，从而获得一定的经济收益与社会收益[①]。制造业共享平台是由多方

① 张玉明，朱艳丽，张馨月：《制造业资源共享服务平台运行机制——基于淘工厂的案例研究》，《中国科技论坛》2020年第9期，第59–71页。

参与的多边平台，各参与主体遵守一定的交易规则与流程，通过协同合作，保障了交易的顺利进行和平台的正常运营。作为中介型的共享制造平台，淘工厂为供需双方提供了对接资源，成功解决了生产过程中供需信息不匹配带来的需求方找工厂难、接单难、成本高，供给方设备闲置率高、生产季节性波动大等一系列问题。

图 12–1 展示了淘工厂的运行模式。总体而言，作为用户，商家和入驻工厂通过供给和需求产生合作关系，平台方作为第三方，除了将信息分享给供需双方，还需要提供监督双方、信用评价等服务，以确保交易流程顺利安全地进行。

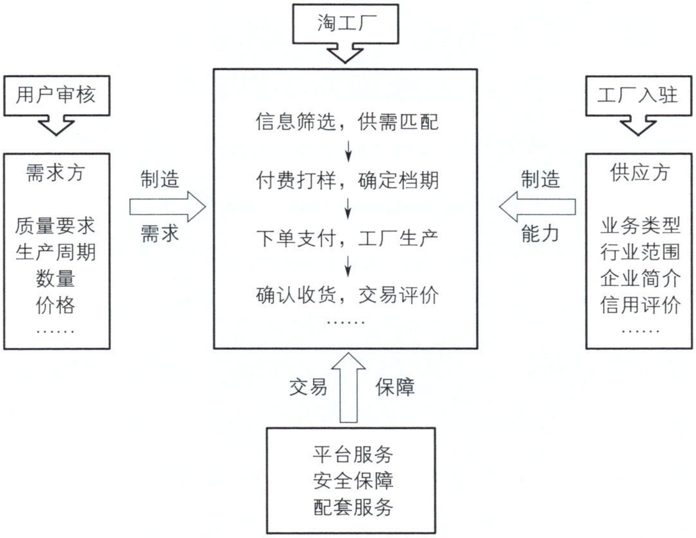

图 12–1　淘工厂的运行模式

资料来源：作者根据相关资料整理。

在交易前的审核阶段，具备一定生产资质的工厂可向平台提交入驻信息，通过平台方的资质审核后方可在平台进行信息展示，主要包括工厂简介、涉及行业、加工方式、生产特色，具备共享制造经验的工厂还会显示历史履约率、回头率、响应率等信息。同时，商家用户可在淘工厂平台上注册企业信息，平台根据其限定的注册条件和注册规则对商家进行审核，审核完成后商家可根据其生产需求在平台进行搜索，匹配程度较高、柔性化程度较高的生产商将会被优先推荐。正是通过这种对供需双方进行充足的信息筛选机制，淘工厂有效缓解了双方的信息不对称问题，以保障交易的顺利进行。

在交易过程中，供需双方会对产品价格、起订量、生产周期、交付日期等具体事宜进行沟通。得益于母公司阿里巴巴强大的信息处理能力和系统化的配套服务方案，淘工厂保障了信息筛选、交易达成、生产交付、确认收货等全交易流程的顺利进行。在交易过程中，平台通过采集、传输、处理、计算、分析等技术对海量数据进行充分挖掘，构建有价值的数据生态系统，为参与平台的主体提供重要决策信息①。

此外，淘工厂还提供了多样化的平台服务、交易的安全保障服务和产品的配套服务，以保障交易流程得以顺利进行。平台服务具体表现在平台方可在交易前根据商户发布的生产需求筛选出匹配程度较高的工厂，在交易中可对订单进行全流程追踪，以提高运营效率。安全保障服务包含资金安全、产品交付安全与信用安全。在资金安全方面，平台方会通过引入专业的金融监管服务，通过全额支付宝担保交易、大额信用凭证支付交易、分期付款等形式对双方的资金安全给予支持。在产品交付安全方面，平台方又会对产品交期、产品质量等方面给予商家支持。在信用安全方面，通过双方评价、工厂信用评价、商户资质调整等形式保障双方信用。产品配套服务包括售后维权、数字营销等，为商家用户提供了一站式的解决服务方案。

---

① 李北伟，季忠洋，朱婧祎：《大数据生态系统构建机制研究——以阿里巴巴为例》，《情报科学》2018 年第 36 卷第 2 期，第 43–47 页。

四、未来展望

随着互联网、物联网、数字技术、云计算等技术的发展，共享制造未来将不断深化发展，可能会呈现以下发展趋势。

第一，共享制造所涉及的行业领域将持续扩大。目前在家居制造、零部件制造、服装制造、物流仓储等领域涌现出诸多具有竞争力的共享制造企业，随着各参与主体共享理念的进一步深入发展，共享制造模式将会渗透至更多的行业，从而形成万业可共享的局面。借助于“互联网 +”的信息平台，各产业链上下游通过协同创新、产能共享，将重构整体产业组织模式，从而有利于产业结构优化升级。

第二，共享制造将促使产业组织在虚拟平台上“集聚”，但在地理分布上呈现跨地域，甚至跨国界的“分散”状态。不同国家和地区的制造者会突破地域限制进行资源共享、合作生产，从而有利于企业在全球进行资源优化配置并进一步提高生产效率。

第三，随着开放共享意识的逐步增强，将会有更多的龙头企业参与共享制造，并成为其中的引领者。龙头企业在创新能力、生产经验、社会资源方面具有较强的优势，不仅可以发挥其生产创新能力强的优势以带动中小企业发展，也可以利用平台资源的正外部性提升其竞争优势。

第四，共享制造平台将不再是制造能力共享的单一模式，会有更多新主体参与其中，从而形成较完整的产业组织生态系统。除了生产者和消费者，还会有资源供应商、技术提供商、服务提供商、金融机构等加入共享制造平台，形成互联互通、开放共享、协同合作的产业生态系统。

第十三章

厂外制造

厂外制造是指大规模生产的产品在出厂交付后，由消费者进一步完成组装、加工或由第三方生产企业进行个性化定制改装的制造模式。

当前占主流地位的制造模式仍然是大规模生产（Mass Production），即制造企业依托专用机器、流水线生产大量的、标准化的产品。大规模生产的优点是充分发挥规模经济的作用，尽可能降低生产成本，从而有利于产品的大面积普及。但是其缺点也显而易见，由于个人和企业的需求不是同质的，因此大量个性化的需求在大规模生产模式下无法满足。解决大规模生产下的产品同质性与用户需求个性化之间的矛盾，有两种方案可供选择。一是对制造企业的生产线进行改造，使其更加柔性化，以适应多规模、小批量（甚至个性化）产品的生产。这是制造业在数字技术推动下重要的发展方向，但是它也带来生产线改造投入大、生产成本高等问题。二是保持制造企业的大规模生产方式不变，对于制造企业中缺乏经济性的生产活动，在产品交付后由用户实施，或者具有个性化需求的用户再委托其他企业对产品进行个性化定制改装。通过在制造企业之外增加一道生产活动，将大规模生产的优势与用户参与的灵活性、用户需求的多样性结合起来。参考瑞典宜家的模式，它并不是仅仅提供了简洁实用的家具设计风格，平板组装是其显著特征，平板式包装便于运输，最后家具由用户自己装配起来。位于柳州的上汽通用五菱汽车，也采用了与众不同的制造策略。作为2021年电动车的单一车型销量冠军，五菱宏光Mini鼓励用户在购车之后，进行改装和后制造。大量年轻人将这款车买过来后，进行“潮改车”，重新将外饰设计成自己喜欢的样子，甚至连内饰都进行全面改动，这就需要整车厂外部的制造力量介入。这样通过工厂制造和厂外制造，合力为用户完成一个满意的产品。以上案例均呈现了一种新的制造模式，它开发了工厂之外的力量，将工厂的一些程序进行了后移（工厂的制造部门并不负责这一部分），从而使装配制造发生在销售完成之后，这就是厂外制造。

一、以替用户按需定制为目标的制造模式

（一）概念界定

对厂外制造的界定，学术研究中涉及较少，林雪萍在《第三种制造》一文中认为，厂外制造与社会化制造二者等同，这是继手工制造、大规模制造之后出现的“第三种制造”。这种制造模式是基于企业搭建起的交互用户的平台，通过大数据分析按需定制，为用户提供全流程个性化体验。它充分利用了社会大众被搁置的优质资源和分布式制造企业的资源，打破了传统企业与顾客之间的割裂状态，打破了传统企业和外部的边界，面向整个社会更广泛的群体，进行大规模协同，以整合产生效益，实现企业从有边界到无边界的突破、从“企业内生产”到“社会化生产”的转变，大幅提升了整个社会制造业的效率。纵览现有文献，学者多从社会化制造的视角进行界定，学者王飞跃[①]认为社会制造将使传统的企业转变为能够主动感知并且响应用户大规模定制需求的智能企业，其核心就是主动、实时地将社会需求与社会制造能力有机地衔接起来，从而有效地实现需求和供应之间的相互转化。为此，必须把社会搜索、社会计算、社会制造等相关的新兴领域有机地结合起来，将互联网、物联网和物流网组成的社会制造网无缝地连接，通过“众包”等方式使社会民众充分参与产品的全生命制造过程，促成个性化、实时化、经济化的生产和消费模式，形成新的产业革命。Lei Ren 等[②]认为社会化制造是基于物联网、信息物理系统、数字孪生

① 王飞跃：《3D 打印和社会制造：历史与未来》，《高科技与产业化》2013 年第 4 期，第 36–37 页。

② Lei Ren et al. Cloud manufacturing: key characteristics and applications. International Journal of Computer Integrated Manufacturing, 2014, 30（6）: 501–515

等工业 4.0 技术，将制造资源接入工业互联网，实现按需协同制造。协同制造不再局限于单一供应链，而是多供应链交错叠加形成复杂的协作网络，在更大空间范围内实现效率提升和柔性生产，部署于复杂制造网络的区块链应用即网状应用[①]。

但是，厂外制造不同于社会化制造，厂外制造是基于个性化的需求，对在工厂已经制造完成或者相对成型的产品进行后续的加工，这种加工并不是制造环节的补充，而是一种新的制造空间的开启，这种后续制造的力量既包含消费者个人也包含社会化的企业。厂外制造会带来三方面的变化。第一，倒逼产品设计的优化。消费者个性化改造的趋势会倒逼设计者和厂商在生产产品时，提前预留一些空间。比如五菱宏光在生产汽车时，就会提前预留一些改装位，比如夹缝不会太密闭，给贴膜预留收口的位置等。第二，倒逼厂商把更多的零部件开放给第三方制造者。通过社会化网络充分利用社会大众和分布式制造企业的资源，注重客户参与的互动性、知识运用、隐性知识的集成，能够更好调动群体智慧的认知与创新能力。第三，让产品的市场结构发生变化，开始从漏斗形走向沙漏形。漏斗形是从发现潜在用户开始，层层过滤，最后到销售完成即结束。但是沙漏形的制造形态则说明制造形态从一个空间进入了另外一个新空间，当漏斗形结束的时候，厂外制造才真正开始。同时，随着数字时代的到来，数字技术的不断更新及数字平台的搭建，围绕用户的使用黏性，厂外制造将会产生巨大的价值。

结合既有研究和典型企业的实践，本书认为，厂外制造可以被看作大规模生产的产品在出厂交付后，由消费者进一步完成组装、加工

---

① 夏择民：《区块链与制造业转型升级：应用前景与挑战》，《岭南师范学院学报》2022 年第 43 卷第 1 期，第 104–111 页。

或由第三方生产企业进行个性化定制改装的一种制造模式。

（二）主要特点

结合厂外制造的概念，厂外制造存在以下三方面特点。

1. 厂外制造是企业能力与社会资源的结合

厂外制造需要在工厂完成制造过程之后，由消费者或第三方企业基于个性化需求继续组装、加工。因此，在产品的制造过程中，既需要核心制造企业的生产活动，又需要后续社会力量的参与。企业利用其自身的核心能力和竞争优势，与社会资源进行有机结合和协同合作，共同为消费者打造一款全新的产品。这种厂外制造涉及的资源具有社会化、分散化和专业化等特点，一方面来自不同类别的小型企业，另一方面来自具有某种角色的人。同时，这些资源分为有形资源和无形资源。有形的制造资源包含有形的设计资源、生产资源、物流资源、仓储资源、运维资源等，无形制造资源包含无形的能力资源、客户资源等①。

2. 厂外制造是规模经济与灵活性的结合

由于消费者需求的个性化、差异化越来越大，传统的大规模厂内生产并不具有经济性，因此，厂外制造模式采用一种更加灵活的生产方式，具有规模经济的生产活动在制造企业完成，不具有规模经济的活动由用户或第三方的小型企业来完成。这种制造模式不仅可以通过与社会资源共享风险、承担部分成本、减轻企业自身的压力、降低创新和发展的风险，并分享来自合作伙伴的资源和支持，还能扩大企业的市场渠道和影响力，获得更多的商机和客户资源，进而拓展业务范围和市场份额，使多样化的个性需求得到满足。

① 江平宇，史皓良，杨茂林：《面向工业互联网的社群化制造模式及 3D 打印测试床研发》，《中国科学：技术科学》2022 年第 52 卷第 1 期，第 88–103 页。

3. 厂外制造是厂内设计与厂外生产的结合

厂外制造需要结合厂内设计和厂外生产两部分，因此，制造企业在设计产品之初，就要考虑厂外生产的可行性与可拓展性，为厂外生产活动的进行提供便利条件，使厂内设计与厂外生产更好地结合。典型的处理方法便是模块化的产品设计。模块化是商品的一种属性，描述了它可以分解成更小的组件或模块的程度，这些组件或模块可以在组装成一个整体之前独立生产。如果模块是独立的，则各个贡献者可以选择彼此独立贡献的内容和时间，这最大限度地提高了他们的自主权和灵活性。同时，要实现厂外制造，模块的安装必须简单，能够使用简单的工具完成组装，各种接口必须开放，使独立贡献者能够生产某一些部件，或者为这些部件编写程序。

（三）发展动因

厂外制造模式的出现伴随着社会化生产程度的提升，以及个性化需求的增加，并随着数字经济的发展呈现更加丰富多元的形态。

1. 社会化生产程度的提升，带来个性化需求的增加，促进了厂外制造模式的出现

过去，制造业通常采用集中式生产模式，统一采购和生产，再通过各级分渠道送到顾客手中。该模式将生产资料进行集中管理，并通过大规模采购和制造形成规模效应，降低了边际成本，在很长一段时间内成为全球制造企业的主要生产组织模式。但是，随着生产力的发展和社会消费水平的提高，新的消费群体越来越崇尚个性化表达，个体之间的需求差异也变得越来越明显。尤其是年轻一代消费者逐渐成为社会消费的主力，使消费需求结构发生巨大变化。面对日益增长的个性化消费需求和制造业生产线的刚性、产品的标准化，以满足个性化需求的厂外制造模式成为制造业发展的一种新

趋势。

2. 数字经济的发展丰富了厂外制造的模式

随着数字经济的到来，数字技术与实体经济的深度融合，使厂外制造模式呈现出更多新形态和新特点。一方面，数字技术缩短了厂内设计和厂外生产的时间，打破了工厂与客户之间的边界。运用数字技术能够更快速地连接到目标用户。不同于传统的依赖用户黏性或广告宣传挖掘潜在目标客户，借助大数据、互联网等信息化工具，用户的偏好信息能够更快地被链接和锁定，从而缩短了目标客户的搜寻时间。同时，供应商与客户边界的打破对于其及时准确获取客户的第一手资料，深入了解客户对产品的个性化需求至关重要。不仅能细化到对产品细节、交货时间的要求等，还能大大提高生产精确度，缩短产品开发周期，降低库存成本，从而能够减少满足客户需求的步骤，提升响应速度，大幅度节约交易成本，为客户提供个性化服务的同时也为企业提供利润。另一方面，数字技术为厂外制造提供了更多的解决方案。运用数字技术能够更便捷地为用户提供解决方案。从消费者的角度，数字技术的强搜索和广链接可以为用户提供更多元的选择，丰富用户的体验。从服务提供商的角度，数字化工具的应用也能为用户提供更多的解决方案，拓宽产品的设计思路，创造更多的新体验。

（四）发展条件

厂外制造不是自发形成的，需要一定的条件支撑。

1. 厂外制造中预留给社会资源的生产程序相对简单

由于厂外制造面向的客户是广大的消费者或者技术实力相对较弱的小企业，考虑到后续参与改装或者制造的客户能力、参与感及体验感，厂商在制造产品的时候，会将技术含量较高的工作预先在厂内完成，预留给外部力量的操作空间多是技术含量相对较低的部分，其操作相对简单，以充分提升用户的体验感。如对汽车舒适性的改装或者对其外观的改装，这些都是门槛较低、易于大众参与的环节。

2. 厂外制造的产品在出厂时已经有较高的完成度

由于厂外制造需要为后续的市场提前留出设计接口（各种接口必须开放），将后续部分技术含量相对较低的环节开放给客户，所以在产品出厂时，主要的制造程序已经基本在工厂内完成，即使有些环节完成度相对不高，也很容易由用户完成后续的组装生产。比如宜家家居，出厂时产品的基本模块已经完成，仅将组装部分预留给客户。

3. 厂外制造的产品采用模块化的生产方式

后续的组装、加工是对自身需求的深入挖掘，为了更好地满足用户的个性化需求，给后续的改装留出足够的空间，模块化的生产方式可以更好地提升厂外制造的效率。模块化是在传统分工的基础上进一步将各个细分部分按照功能原则重新聚合的过程，在这种制造模式下，产品被分解成独立的模块，这些模块可以在不同的专业化企业中独立地被设计、制造。同时，模块的组装也必须相对简单，使客户可以更方便地基于自己的需求，对相应的模块进行加工、改造，或者为这些部件编写程序。

二、厂外制造的主要发展领域

随着生产消费者个性化需求的提升，消费者对产品个性化诉求日益增加，国内外的制造模式中，时常能看到厂外制造的“身影”。比如汽车行业中特斯拉的车改制造模式，针对年轻人对个性、唯一的追求，在车辆出产时仅使用黑白两色，使用的车漆也很薄不耐剐蹭，从而为爱好时尚、追求个性的年轻人进行后续改色留出更多的创作空间，以增强用户的参与感及体验感，创造更丰富的用户体验。再如家具行业中，宜家家具打破了传统实木家具行业层层经销的现状，采用以“模块”为导向的设计模式，通过将产品分成不同模块进行设计，所有的产品都可以拆分和组装，从而在生产、采购、物流等环节都更加灵活高效。

车辆改装是市场规模较大且存续时间长的一种厂外制造模式。根据世界汽车组织的统计数据，2021 年，全球汽车保有量超过 15 亿辆，相较 2016 年增加 15.4%。汽车保有量的上升，为汽车改装行业未来潜在市场扩大规模奠定了基础。随着消费升级和年轻一代消费者对于个性化的追求，汽车改装市场需求端逐渐活跃。从全球来看，国外的改装市场主要分为四种类型：第一个是以德国为代表的欧洲板块，在改装性能方面与其汽车品牌文化有很大关系。第二个是以美国为代表的改装，这些车完全按照美国车主的想象、偏好、个人倾向，对汽车进行全方位的改装。第三个是以日本为代表的改装，追求适用性和舒适性。最后是新加坡、中国香港、中国台湾这些国家和地区的改装。由于这些地方汽车工业比较发达，综合性强，改装的地方比较广，大多数汽车被改得比较华丽。从国内看，根据 2023 年 6 月发布的《汽车定制改装行业发展白皮书》，从代际视角来看，改装消费者以 80 后居多，占比超过五成。从城市分布角度来看，来自一线及新一线城市的用户超过 46%，二线及以上城市的用户超过 67%。据汽车合规改装联合推进办公室基于市场调研、销售数据测算，2020—2022 年我国汽车改装市场规模由 705 亿元增长至 935 亿元，年均复合增长率达到 15.2%。至 2025 年，车企定制改装的市场份额将达到 31.3%。当前，我国汽车市场已经进入存量竞争阶段，车主更加追求时尚、美观、舒适和个性，对汽车的改装需求越来越大。车企也日益重视汽车改装，通过生产定制版、出厂后 4S 店加装、出售改装套件、推动改装文化等多种方式，加快汽车改装领域的布局。但是也应注意，目前国内改装市场仍处于加速发展阶段，政策法规以及行业标准也亟待完善以正向引导。

随着数字经济时代的到来，厂外制造模式也更加丰富多元，也使后续组装、加工的方式出现了更多可能。不仅关注技术含量较低的简单外观设计或对舒适性改装的领域，还涉及技术含量较高的，需要极强专业知识和经验的性能改装。不仅关注后端的硬件领域，在前端的软件领域也开始涉足。比如玩具行业中的乐高机器人 NXT，这款新乐高机器人采用了 32 位微处理器、内建 USB 和蓝牙（这一设计极大地提高了程序传输的速度和稳定性），可以让使用者做出通过蓝牙装置（例如掌上电脑或手机）控制的机器人。NXT 内附的程序编辑工具支持 PC 和 Mac，乐高公司特别发布了开放原始码的固件和开发工具，以吸引更多玩家参与扩充与改造 NXT。通过用户参与软件端的程序改写，进一步拓宽了厂外制造的边界。接下来以乐高机器人为例，说明用户或第三方企业参与软件环节的经营制造模式。

三、乐高机器人厂外制造的实践

乐高机器人（Lego Mindstorms）是乐高集团旗下的一个子品牌，于 1998 年推出，它是一种可编程的自动化工具，主要应用于机器人、自动化和编程教育领域。乐高机器人是集合了可编程主机、电动马达、传感器、Lego Technic 部分（齿轮、轮轴、横梁、插销）的统称。乐高机器人起源于益智玩具中可编程传感器模具（programmable sensor blocks），许多语言都能对乐高机器人进行编程。这种玩具的核心是乐高积木搭建平台，并通过与电机、传感器等部件组装成机器人，从而实现编程和运动控制。

作为一种典型的将厂内生产设计与社会资源相结合的厂外制造模式，乐高机器人的制造模式主要存在以下特点。

（一）乐高机器人采用模块化设计，可以根据用户的需要，进行灵活的组装和改装

模块化生产首先需要具有标准化接口和满足工艺操作控制细节的自动化软件来实现，在这方面，乐高机器人将模块化设计发挥到极致，它除了玩具的品质，小砖块是其最重要的技术和创新。乐高机器人建立了一个完整的系统，每个新系列都与系统的其余部分兼容：无论其大小、形状或功能如何，每个零件都可以与其他零件一起使用。自1958年以来，任何生产年份或其工厂所生产的所有砖块都相互兼容。通过模块化结构，可组成不同的机械结构和机电系统，使组装变成无限可能。同时，砖块也以不同的尺寸和颜色出售，从而每次测试新的组装体验都有很多可能性。不仅如此，乐高机器人具有极高的耐久度，经过数千次组装和拆卸后仍可以保持其机械性能。

（二）乐高机器人具有可修改编写的操作程序，丰富了用户的参与体验，并实现了应用场景的拓宽

乐高机器人的核心部件是控制中心，以实现语言和动作的传输。所有的语言程序都录入里面，来实现运动控制。乐高公司将一种名为Lego language的适合学生学习的简单程序语言与机器人玩具结合在一起，学生只要点选简单的图形就能依照想象随意设计计算机程序。这些产品设计使得机器人能够更快、更生动、更准确地与玩家进行互动，玩家在体验过程中，兴趣得到不断提升。乐高机器人玩具不仅让学生通过亲手动手，提高了动手能力和动脑能力，而且通过软硬件的交互

让学生学习编程、电子等知识，实现了“玩中学”的教育理念。不仅如此，通过各种传感器和执行器，乐高机器人还可以实现丰富的功能和动作，这也使乐高机器人的应用领域得到进一步拓宽。随着科技的不断发展和成本的不断下降，越来越多的企业开始尝试将机器人应用到生产中。其中，乐高机器人在智能制造领域大显身手，成为众多企业的首选。通过其视觉识别、位置控制和智能编程等特点，乐高机器人成为许多企业实现无人化生产的首选工具。不仅可以实现自动化的流水线生产，有效提高生产效率、降低成本和人力需求，还可以进行质量检测和排错，大大提高了产品的质量和生产的稳定性。

（三）乐高机器人的产品类型趋于多元化，不断挖掘多样化、个性化的用户需求

乐高机器人玩具打破了传统玩具的单一功能性，在商业模式的实施过程中，乐高集团不断调整和优化商业模式，以适应市场和需求的变化。比如，乐高集团推出了针对初学者的乐高机器人入门套装，降低了门槛。同时也推出了乐高机器人的专业版，满足了专业人士的需求。此外，乐高集团还与不同的合作方展开合作，如与乐高教育合作研究乐高机器人教学方案等。通过对产品功能的升级改造，打造更多样丰富的应用场景，不断挖掘用户的个性化需求。

四、未来展望

厂外制造模式在社会、经济、技术等因素的驱动下产生，亦将反过来推动社会、经济、技术的发展。厂外制造的最终目标是通过社会化资源和用户的广泛参与，实现面向大规模个性化用户需求的完全定制。未来，厂外制造将有望朝着以下趋势发展。

（一）从大规模定制向个性化定制转变

社会生产的快速发展，促使大量个性化需求的出现，尤其是数字经济时代的到来，数字经济与实体经济的深度融合使得以工业互联网平台为载体，以用户参与制造为特点的厂外制造模式逐渐孕育形成。在社会制造的环境中，消费者与企业通过网络世界能够随时随地参与到生产流程之中，社会需求与社会生产能力将实时有效地结合在一起，大大拓宽了厂外制造的边界。如 3D 打印技术无须机械加工或任何模具，就能直接从计算机图形数据中生成任何形状的零件，从而极大地提升了用户参与生产制造的能力，使用户直接参与厂外生产。

（二）从注重硬件组装、加工向兼顾软硬件修改转变

现在的厂外制造多是对产品出厂后续环节的“微”改造，涉及的技术含量较低，修改的程序比较简单。如对汽车外观的改造，可能仅对车身颜色进行修改。随着数字技术与制造业深度融合，互联网、物联网、云计算、大数据等都已成为当今推动制造业发展的关键技术，有助于创造更加多元的制造模式，构建更加开放共享互联的产业生态系统。此时，客户不仅能参与产品后端硬件的设计修改过程，还能深入制造环节内部，为搭载的部分软件系统编写程序，如乐高机器人，可通过对内置程序修改，吸引更多玩家参与扩充与改造，从而使用户更好地参与产品的设计过程中，创造更多的体验。

未来，厂外制造必将极大地刺激社会需求，同时有效地提升整个社会的参与程度，促进社会就业率的大幅度提高。不但有望解除我国长期在模具和材料工业落后，受制于人的不利局面，还对提高我国制造业的竞争力、加速产业升级和转型具有至关重要的战略意义。

第十四章
产业链本地化制造

产业链本地化（Local for Local）制造是跨国公司为了控制运营成本、提高供应链韧性、更好地服务本地市场，在目标国家推行本地生产与本地销售，将研发、供应、生产、物流、营销、服务、管理等价值链各环节全方位融入当地的制造模式。

跨国公司全球化战略实施，使得大型耐用制造业产品由于区域供求不平衡所导致的成本上升被高度全球化产业布局化解，但是，伴随国际经贸与地缘政治格局变化，大国间通过加征关税和出口管制制造贸易壁垒现象时有发生，使得跨国公司生产成本愈发难以控制，促使各大跨国公司开始重新考虑全球生产组织模式。各国为了确保本国产业链、供应链安全，逐步改变其全球供应链布局策略，追求效率与安全的平衡，产业链与供应链布局区呈现内化发展趋势，推动供应链近岸化、多元化布局。大型跨国公司更加趋向于在更小范围内建立自己全流程的产业链和供应链保障体系，使得制造业产业链在横向分工上趋于区域化集聚。可以看出，全球制造业产业链、供应链表现出显著的本地化、区域化趋势。

一、跨国公司生产各流程融入目标国家的模式

波特（Michael E.Porter，1990）① 认为，生产经营是一个由投入、转换到输出的持续运作过程，涉及原料及资金投入、劳动力、设备材料、土地管理等众多因素有机协同，从而形成动态价值创造过程，也是价值链的形成过程。邓宁（Dunning，1977）② 认为，跨国公司在选择 FDI 目的地时，除了要考虑企业本身的内部化优势和垄断优势，还要结合东道国的具体区位以及比较优势。在全球价值链理论中，利润差异化是产生产业链本地化制造模式的主要因素。跨国公司作为国际生产网络的载体，将世界范围内的各种生产相关企业紧密地联系到商品的

① Poter.M. The Competitive Advantage of Nations. New York：The Free Press，1990：1-14.

② Dunning J H，Buckley P J. International Production and Alternative Models of Trade. Manchester School，1977，45（4）：392-403.

全球生产链中，每条链上总是会存在一些能够创造更高利润的战略性环节（Gereffi，1999）[①]。跨国公司在全球范围内资源的优化配置，使得每个东道国在整条价值链上的地位和所处环节的不同，产生的运营成本与利润也呈现差异，必然会导致跨国公司在战略实施上产生差异化，这正是构成产业链本地化制造的直接诱因。

（一）产业链本地化的内涵

根据国际本地化行业标准协会（Localization Industry Standard Association，简称 LISA）的定义，本地化（Localization）是为全球化企业提供语言信息和技术服务的行业，是帮助企业克服语言、文化、技术障碍，尽快实现国际化战略，开拓国际市场的重要组成部分。所谓产业链本地化，是指跨国公司在海外的分支机构在东道国的生产经营过程中，为了更好地适应东道国的政治、经济、文化和社会环境，在研发、采购、生产、销售、人力和企业文化等方面全面采取本地化的措施，从而更好地与东道国本土企业进行竞争（Bhutta K S，Huq F，Frazier G，etal，2003）[②]。跨国公司在进行生产经营时，通常可选择全球标准化战略与当地本地化战略相结合的模式，但无论标准化有多么重要，也不能忽视当地资源禀赋与市场环境的特点（Boddewyn，2010）[③]，从而导致产业链的本地化制造势在必行。尤其是在新一轮科技革命与贸易格局变化背景下，跨国公司产业组织和产业布局都在发生着前所未有的变化。因此，企业若要保持竞争优势，就要处理好全球化和当地化的平

① Gereffi.G.International Trade and Industrial Upgrading in the Apparel Commodity Chains，Journal of International Economics，1999，48：37-70.

② Bhutta K S，Huq F，Frazier G，etal. An Integrated Location，Production，Distribution And Investment Model for A Multinational Corporation，International Journal of Production Economics，2003，86（3）：201-216.

③ Boddewyn. Comparative Management and Marketing. Thunderbird International Business Review，2010，11（4）：2-4.

衡关系，促使跨国公司的经营战略必须实现“思考全球化，行动本地化”，跨国企业在其全球化战略的实施过程中，必须结合东道国的传统经验、生活风格、法律法规以及消费者心理等因素（Stefano Bresciani，Alberto Ferraris，2014）[①]。

在产业经济学领域，产业链（Industrial chain）是指各个产业部门之间基于一定的技术经济联系和时空布局关系而客观形成的链条式关联形态。产业链涵盖产品生产或服务提供的全过程，包括动力提供、原材料生产、技术研发、中间品制造、终端产品制造乃至流通和消费等环节，是产业组织、生产过程和价值实现的统一，通常可以从价值链、企业链、供需链和空间链等四个维度予以考察（罗仲伟，孟艳华，2020）[②]。结合跨国公司本地化战略的特点（卫玲，2015；李丽，2005；王琼，2013；宋凌燕，2004）[③④⑤⑥]，我们将产业链本地化制造的内涵做出以下归纳：所谓“产业链本地化（Local for Local）制造”，即跨国公司将生产、营销、管理、人事等全方位融入东道国本土，在东道国直接生产交付产品，其实质上就是指跨国公司参与国际生产网络，将研发、供应、生产、物流、营销、服务、管理等制造业价值链各个环节全方位融入当地的政治、经济、文化、消费观念、民族特点中的经济活动过程。总之“产业链本地化制造”主要是基于跨国龙头企业全球化生产组织和产业布局，一方面通过在采购国建立高度本地化生产的

① Stefano Bresciani，Alberto Ferraris. The Localization Choice of Multinational Firm's Centers Journal of Promotion Management，2014，Vol.20（4），pp.481–499.

② 罗仲伟，孟艳华：《“十四五”时期区域产业基础高级化和产业链现代化》，《区域经济评论》2020 年第 1 期，第 32–38 页。

③ 卫玲：《A 公司 Z 产品本土化营销策略研究》，南京师范大学，2015 年硕士学位论文。

④ 李丽：《跨国公司在中国的本土化战略研究》，武汉理工大学，2005 年硕士学位论文。

⑤ 王琼：《跨国林业企业在华本土化策略研究》，中国林业科学研究院，2013 年硕士学位论文。

⑥ 宋凌燕：《跨国公司本土化的理论与实证分析》，浙江大学，2004 年硕士学位论文。

全产业链与最终产品总装线，用以支撑当地的市场需求，另一方面通过构建本土供应商网络，建立科技创新和可持续发展的合作伙伴关系，从而保障企业生产供应链稳定。

（二）产业链本地化特征

从直观上来看，产业链本地化制造在跨国公司的本地化战略框架下，是跨国公司为应对新一轮全球经贸格局变化对产业组织与生产布局进行的新一轮调整。产业链本地化制造更加强调在采购国直接生产交付产品，跨国公司将生产、营销、管理、人事等全方位融入东道国本土，进一步提升跨国公司全球布局中针对特定市场区域的产业链供应链本地化水平。

适合产业链本地化制造的行业，其生产过程从母国向东道国转移的过程较为复杂、成本较高，作为跨国公司实现全球战略的一个重要环节，产业链本地化制造过程以在东道国进行完整产品组装为标志，是一个从初级阶段的组装生产向高级阶段的合作研发、品牌共享逐步演进的过程，主要包括以下六个特征。

1. 供应链本地化

供应链本地化指的是从原本国外的、不具备比较优势的供应商采购的物料，通过本地的供应商开发，转移到距离更近、成本更低的本地化供应商处，从而大幅度降低采购成本，并获得物料更快捷的供应。欧美跨国企业推行的 Sourcing[①]，也就是战略采购或寻源职能，其核心任

① Purchasing、Sourcing、Procurement 三个单词翻译过来都有采购的意思，但这三个词在采购过程中有一定的差异，整体采购 Purchasing 分为两大类：战略采购 Sourcing、日常采购 Procurement。Sourcing 更偏重于战略层面上的计划、分析和控制，包括供应商开发、供应商审核、合同制定、供应商关系管理、需求与供应分析、采购成本分析，以及风险控制等。Procurement 更偏重于执行层面上的落实和日常维护，包括根据生产需求编制供应计划、给供应商下订单、物料交付监管、库存管理、供应商各类评估指标的评定和收集等。

务是承担本地化的责任。供应链本地化可以有效降低运输成本，避免关税和附加税，降低劳动力和生产成本，缩短交付周期，带来更多灵活性，且具有更大的控制能力，有助于提高供应链各环节透明度。

2. 生产本地化

生产本地化是指跨国公司在海外直接租用土地或者建设工厂，雇用当地的劳动力来进行产品生产，实现生产与目标市场相融合。这是跨国公司本地化发展战略最为基础的表现形式。生产本地化能够利用东道国生产要素成本优势，提升公司利润水平；同时，可以有针对性地生产出东道国市场所需要的产品，提升企业的市场竞争力。

3. 研发本地化

研发本地化是指东道国通过引进跨国公司先进技术、研发机构和研发设备，并结合当地的技术力量，开发出适合当地市场需求的技术和产品，更好地适应本地市场需求的过程，以提升产品在该国市场的竞争力和适应能力。研发本地化是跨国企业消化吸收能力和二次创新能力提升的重要举措。

4. 营销本地化

营销本地化，是跨国公司依照当地市场的消费特征和需求情况，有针对性地开展宣传推广、营销战略、销售方式和营销渠道构建等活动的一个系统性过程，包含多种营销要素的整合和运用，以达到营销策略与方式的本地化目的[①]。

5. 人力资源本地化

人力资源本地化是跨国公司实现产业链制造本地化制造的核心。产业链制造的本地化首先一定是人力资源，尤其是管理人才的本土

① 卫玲：《A公司Z产品本土化营销策略研究》，南京师范大学，2015年硕士学位论文。

化。人力资源尤其是管理人才本地化能够帮助跨国公司与东道国的本土市场尽快融合，本土优秀的人才团队能帮助跨国公司更好地了解当地市场要求，最大限度地利用好当地的资源，降低跨国公司的经营成本，提升当地消费者对跨国公司的认可度，增强公司品牌和产品影响力。

6. 企业文化本地化

企业文化本地化的形成能够为跨国公司海外运作分支机构在维持原有管理模式优势的同时，通过本土文化元素的融入，降低文化差异所带来的负面影响。跨国公司企业文化的本地化实质上是跨国公司管理理念、管理方式、企业价值观和人才构成同东道国市场不断融合的过程。

二、产业链本地化制造三个层面的政策

全球供应链格局正在加速重塑，呈现从全球分工向区域集聚、从高度集中向多元化近岸化、从网链结构向研产销一体化、从劳动力偏好向数字化驱动、从市场化竞争向政治权力角逐转变等五大趋势[①]。近年来，受中美经贸摩擦、新冠疫情、俄乌冲突等因素影响，全球供应链顺畅运行遭到明显冲击，产生了部分领域供给停滞甚至中断的问题和潜在威胁，越来越多的跨国公司出于对供应链安全和稳定的考虑，逐步改变其全球供应链布局策略，加速了全球供应链向多元化、近岸化、本地化发展。伴随新兴消费市场崛起，正在加速推动产业链与供应链本地化布局。以中国为首的新兴市场国家巨大的市场空间、完善

① 商务部国际贸易经济合作研究院：《跨国公司在中国：全球供应链重塑中的再选择》，2022年6月。

的产业链配套能力、不断提升的科技创新能力和日益优化的营商环境逐渐成为本国制造业供应链竞争新优势。

在国家层面，各国采取形式多样的产业政策，针对性补贴跨国公司本地采购、本地生产与雇用本地员工，推进跨国公司实现产业链本地化制造。印度将2019年10月1日至2023年3月31日期间成立并运营的制造企业基本税率从25%下调至15%，着力吸引国际投资，同时，提高手机及零部件进口关税，从而使得手机及零部件生产厂商不得不在印度建厂，2021年印度前五大手机厂商均是外资企业，其中67%的市场占有率来自中国企业。海湾国家合作委员会通过出台工业政策来脱离石油依赖型经济，吸引针对本地市场的跨国公司在当地设立生产基地。卢旺达通过“卢旺达制造”计划以及相关的产业政策来实现产业多元化和提高国民竞争力，大众汽车积极响应，在卢旺达投资2000万美元设立组装三种新车型的工厂，全部用于当地租车服务。发达国家政府也相继推出了工业政策来加速跨国公司在本国设厂。美国将最初NAFTA（北美自由贸易协定）协定规则改为要求汽车制造业转向更多高收入国家（首选美国）。日本为了提高制造业的竞争力，推出产业集群政策，借鉴美国硅谷、德国慕尼黑附近的马丁斯里德工业区和韩国大德研发特区的发展模式，打造产业生态圈。爱尔兰政府通过实行政策鼓励，完善教育培训机制，成立本地化研究中心和软件本地化兴趣小组，建立了软件开发商、本地化服务商和大学各方面交流的有效渠道，吸引了包括Microsoft（微软）、Oracle（甲骨文股份有限公司）、Lotus（路特斯）、Visio International等大型软件开发商在爱尔兰成立本地化业务的机构，作为进军欧洲市场的桥头堡。

在行业层面，随着新兴市场国家推动制造业转型升级，跨国公司在新兴市场国家的制造业领域投资呈现从中低加工制造业向高技术制造业拓展，从低技术、低附加值生产环节向高技术、高附加值生产环节转变。以在华跨国公司为例，跨国公司对中国制造业产业链投资尤其看重高技术制造业，重点在研发、智能化制造、下游精深加工等产业链领域加大投资，在半导体、汽车、化工等领域，也正围绕产业链创新和发展方面着重开展项目投资与研发。例如，霍尼韦尔公司近年来在华投资重点围绕产业数字化、绿色化发展，持续加强在中国的投资布局，2020 年以来，先后在武汉、西安、天津成立霍盛工业科技有限责任公司、霍尼韦尔智能建筑科技集团运营及研发中心、霍尼韦尔过程控制（中国）运营中心和创新研发中心，致力于为大中华地区客户提供数字化和低碳技术及解决方案。与此同时，跨国公司在中国投资的制造业项目总体呈现大型化趋势。以广东省落地项目为例，2021 年，广东省高技术制造业实际使用外资在逆全球化背景下实现成倍增长，巴斯夫精细化工一体化基地、埃克森美孚石油化工综合体等投资总额超百亿美元项目落地，成功引进苹果、英特尔、思科、通用、空客等一批高端欧美外资项目[①]。

在企业层面，一是以本土化成就无国界企业。施耐德公司在全球通过与当地企业合作成立本土化生产企业，吸纳本土人才等方式，在当地落地生根，为其在全球的业务发展贡献力量。在不同国家的成功本土化，不仅让施耐德电气拥有更完善的工业体系、更丰富的市场经验，也让其技术更加全面、强大，分散在各地的施耐德电气研发中心协同发展，创造着更多更新的技术，也服务着全世界的客户。从施耐德电气全球化布局来看，它显然已经成了一家无国界企业。二是以本土化产品研发提升企业竞争力。通过调整研发逻辑，精准匹配消费市

① 商务部国际贸易经济合作研究院：《跨国公司在中国：全球供应链重塑中的再选择》，2022 年 6 月。

场的真实需求，推动产业链本土化制造。医疗器材集采，使得医疗企业在华本土化进程加速。2023 年，西门子医疗建设上海诊断试剂基地，用于满足中国市场生产多种临床检测的免疫试剂和用于免疫诊断的校准物、稀释剂、质控产品；在深圳市南山区建设全新高端医疗设备研发制造基地，实现“双址运营模式”下的全新研发制造基地。GE 医疗中国有限公司正式宣布中国战略升级为“全面国产、无界创新、合作共赢”。三是围绕超级智能工厂与研发、数据中心构建本地产业链制造生态。特斯拉把工厂视作一种产品、一种制造机器的机器，让流水线和工位能随物料、订单等环境变化而学习、进化，从而重新定义生产方式，让生产线变得灵活且柔性。截至 2022 年 9 月，上海超级工厂产业链本土化率已达到 95%，依托长三角地区汽车零部件生产企业，特斯拉在上海、苏州、宁波、南通等地市已经建立起 4 小时供应链，涉及电池、汽车芯片、自动驾驶系统、汽车内饰、精密加工等新能源汽车零部件生产供应，形成覆盖新能源汽车整车生产全流程的产业链本土化制造体系，同时，“超级工厂 + 研发中心 + 数据中心”构建起以特斯拉为核心的新能源汽车产业链本土化制造生态。

三、空客—中航工业天津工厂产业链本地化制造的实践

空客天津总装厂位于天津空港经济区，2007 年开始建设，2008 年 9 月投产，2009 年 6 月成功交付第一架天津总装厂所生产的空客 A320。2022 年，空客共向中国市场交付了 112 架飞机，约占空客全球交付总量的 17%。其中，天津总装厂交付了 52 架 A320 系列飞机。对于空客来说，中国是除欧洲本土市场之外最重要的市场，也是最大的海外市场。长期以来，中国航空公司运营的干线飞机中，空客与波音

飞机各占半壁江山，而天津总装厂的建设无疑极大提升了空客在中国的市场响应速度。通过本地化制造实现“前店后厂”生产销售的运营模式，避免了之前长距离从欧洲将新飞机运至中国，实现了产品的直接“当地造好当地交付”；同时，空客飞机的中国本土生产，能够更好地了解中国航空市场需求，从而高质量地满足中国对客机的商品参数质量、服务保障需求，缩短交付周期、降低运输和关税成本。本部分选取航空产业为案例对象，从产业链本地化制造模式发展动因、运作机制、主要类型、支撑条件等方面进行剖析。

（一）推动航空产业链本地化制造的动因

飞机有航发、航电、机电、机身、机翼、复合材料、金属材料、飞行控制等一系列组成部分，涉及企业数量众多、种类复杂，仅凭单个企业或集团无法实现产业链全覆盖。民用航空产业作为全球化的代表，产业链具备显著的全球化特征，即一个大的工作包被拆分成多个不同的分包在多个国家和地区共同配合下生产，再由主供应商集成后交付到飞机总装线完成整机制造，最后向全球交付。航空产业逐渐向采购国本地化转变，推动产业链本地化制造的动因主要有以下两个方面。

一是逆全球化趋势放大民用飞机区域供求不平衡矛盾。2022 年 2 月，空客集团发布预测数据称[①]，到 2040 年，亚太地区将成为全球商用飞机需求的最大地区，在全球总体飞机需求中的占比将达到 45%，规模将达到 17620 架。随着全球航空运输业从新冠疫情之中实现复苏，以及全球主要航空公司对旧机型和低燃油效率机型的升级更换需要，亚太地区在未来 20 年将成为全球新飞机需求的重要市场。长久以来，

① 空客官方网站。

航空制造业呈现明显的波音与空客两家商用飞机制造商形成的“双寡头”垄断局面，商用飞机上下游产业链环节的主供应商也主要集中在欧美地区，亚太地区航空工业基础较为薄弱，依据飞行国际发布的2021年航空航天企业百强名单中，无一家亚太企业进入榜单前10，大型商用客机制造、维护、改装在亚太地区的网点覆盖程度偏低。然而，伴随新兴市场国家对商用高燃油效率飞机的巨大市场需求，传统的跨国航空产业布局将极大地提高飞机制造和航空公司的运营成本，要求航空制造企业的产业组织与生产布局必须尽快调整，以适应这一市场新变化。

二是疫情增加了供应链的不稳定性，制约产能提升。新冠疫情蔓延进一步放大了全球化产业链模式的脆弱性。疫情除了直接使工厂减产、停产外，还对海运造成巨大的冲击，对全球布局的航空产业链合作模式造成极大影响。大型商用飞机区域供求的巨大不平衡所产生的成本在之前高度全球化的环境下被掩藏起来，然而，面对国际经贸格局的突变，各类“黑天鹅”事件对飞机制造与航空产业的影响日益增强，供需区域不平衡造成的运营成本日益升高问题引起了各大飞机制造与航空公司的重视。2018年开始的中美贸易摩擦，更加剧了跨国航空制造企业对全球产业链布局与生产本地化战略一旦失误或落后导致产品市场丧失的担忧。2020年，美国便宣布对进口欧盟大型民用飞机的加征关税由之前的10%上调至15%。随着国际政治、经济形势的变化，促使重点航空制造业公司重新谋划面向重大市场需求区域的产业链本地化制造布局。

（二）空客产业链中国本地化制造的运作机制

以我国商用大型客运飞机市场供求为例。从需求端看，中国市场对民航客机、发动机和服务的需求占全球的1/5。随着中国经济的稳健恢复和发展，货物和人口流动对航空运输的需求日益增长，大型商用飞机的市场需求还将继续增长。从供应端看，我国商用飞机制造业的产值仅占全球的2%。但是，中国的航空产业链仍在发展完善之中，商用飞机制造行业的整体分工与国际飞机制造龙头企业的布局类似，均为“小核心、大协作”模式。随着越来越多的飞机在中国完成交付，中国本土航空2%的产值与20%的市场需求之间十倍的差距意味着中国购买的飞机绝大部分的原材料、零部件和特种工艺加工都在海外完成，经过多次运输和烦琐的流程后再进入中国进行总装、调试、完工和交付，这势必对航空制造业生产造成极大的成本压力。空客—中航工业天津工厂的建立正是基于上述背景，空客公司为推动大型商用飞机产业链本地化制造而进行的战略布局。

在运作机制方面，空客公司与中国地区合作伙伴将合作范围扩展到了航空全产业链，覆盖采购、大部件生产及安装、飞机总装交付、飞机运行支援、航空服务合作及飞机循环利用的全产业链各个阶段。天津航空工业与空客进行机身系统装配的本地制造之后，由空客欧洲工厂生产的A320、A321前后机身大部件则直接运往天津，天津公司工厂在机身结构基础上完成相关系统件的安装及测试工作，实现机身结构及系统的模块化交付。空客天津总装线是以空客公司在汉堡的A320系列飞机总装线为原型，质量标准和工艺要求不低于欧洲本土，采用空客公司最先进移动站位技术的生产飞机总装线，包括组合大部件、整合机翼、安装和供水供暖空调等系统测试，内部装饰地板座椅、厨房、喷漆、安装和发动机测试以及试飞，最终由空客公司天津交付中心完成对客户的交付[①]。同时，结合中国航空公司的不同需求，切

① 许慧慧：《空客在华本土化经营策略研究》，河北工业大学，2015年硕士学位论文。

实满足中国乘客的一些乘坐偏好。2022 年全年向中国交付的 112 架飞机中，60% 的飞机是通过天津总装线和天津宽体机交付中心完成的交付。

四、未来展望

在地缘政治和风险规避的驱动下，可以预见全球产业链将缩小到某一国家或地区，产业链区域化和地方化将成为一种结构性趋势，未来产业链本地化制造将呈现以下三方面特点。

一是未来产业链本地化制造将呈现区域内横向分工、纵向整合的趋势。后疫情时代，全球产业链将加速结构重构。跨国公司为了提升全球产业链的韧性，全球生产选址将重点聚集在制造业体系完整的区域，通过专业化产业分工，形成垂直一体化的集群。将建立起横向分工与纵向整合的生产模式，共同协作提升企业抗风险能力，提升运营效率，必然使得产业链的本土化制造成为全球产业链分工布局的重要转型方向。

二是未来产业链本地化制造将逐步呈现向一定区域内集聚化、智能化发展的趋势。产业链本地化制造能够降低企业生产供应链风险，通过强化供应链的地方化、区域化，有助于缩短供应距离、扁平化、柔性化组织生产，降低对全球化供应需求，以适应全球产业链布局优化与重构。

三是产业链本地化将倾向于向数字经济发达地区集聚趋势。相比土地、资本、劳动力等传统生产要素，数据正在成为重要的生产要素，推动不同经济体之间要素禀赋优劣势发生根本性变化，而这将从根本上影响跨国公司的投资决策，驱使供应链布局向发达经济体或具有数字技术优势的发展中国家倾斜。

第十五章

太空制造

太空制造是指在地球外层空间制造实体材料和工业产品的活动，包括空间在轨增材制造与空间原位制造两种模式。

星辰大海，梦之所及。

去太空旅行，只要带上一台 3D 打印机，你就拥有了一个微缩版超级工厂，在星河之间随时制造旅途中的任何所需之物。

“把制造业搬到太空去！”这看似科幻电影般的情节，如今正在一步步变为现实。2014 年 9 月 21 日，太空探索技术公司（Space X）的“龙”飞船将一台微波炉大小的 3D 打印机送往国际空间站，这台 3D 打印机的研制者是初创企业美国太空制造公司（Made In Space）。此后，国际空间站的美国国家航空航天局（NASA）航天员，根据地面发来的指令，手动操作 3D 打印机成功打印了既定部件，这是人类第一次在太空“制造”出所需的工业产品。中国的试验性太空制造任务也紧随其后。2020 年 5 月 5 日，由中国自主设计研发的“复合材料空间 3D 打印系统”发射升空，并在两天后完成了首次太空 3D 打印，打印过程为预先设置、自动操控、自主打印、无人参与。这次试验使得中国在太空制造领域迈出了坚实的第一步。

“太空制造”出现的根本原因是人类对提升地外活动能力和生存能力的需要。由于太空空间具有纯真空、高辐照、微重力的特色环境，因此在太空制造实物产品具有传统地面制造不可比拟的优势。同时，太空制造的产生与发展也具有现实的必要性：一方面，高精尖的新材料、设备调试、生物育种等领域，亟须太空制造作为新的试验方向，太空制造的试验性与商业性需求正与日俱增；另一方面，受制于人造火箭的最大载荷限制与内仓体积限制，未来大型空间平台与深空探测所必需的工程部件不可能全部由地面制造并发射进入太空。

“太空制造”对人类社会发展具有重要意义，被全世界各个航空航天强国与重要头部企业公认为是人类未来开始战略性技术试验、进行新兴设备制造、开展地外行星探索、建设大型空间试验平台与建立地外永居基地所必需的战略性关键技术与生产模式。在更远的将来，依靠地外星球矿产资源的原位开采与利用，太空制造将变得更加廉价且实用。

“太空制造”是近年来制造业发展的前沿领域。工业制造塑造未来，太空制造引领未来。截至目前，人类已经实现了空间在轨平台的建立与人类的中长期驻留。过去十余年间，尽管包括美国和中国在内的世界各国在太空制造领域已经取得了一系列试验性成果，但受制于太空工程技术发展不完善、产业组织体系发展不健全、人力资本供给深度滞后等一系列瓶颈，太空制造的未来发展并非一帆风顺。不论当下还是未来，世界各国在这一领域开展激烈竞争的同时，充分且全面的国际社会合作也是太空制造未来发展的必然趋势。

本章旨在向读者解读太空制造的具体内涵，分析当前国内外太空制造领域的发展现状，以世界首台太空 3D 打印机的研制者——美国太空制造公司为具体研究案例，并展望太空制造的未来发展趋势。

一、地球外层空间进行产品制造的活动

太空制造，简称 ISM（In-Space Manufacturing）。广义的太空制造，指的是在地球以外的空间环境中，使用从地面携带的或原位获取的材料，自动或人为制造所需实体材料和工业产品的过程[①]。就发展过程来看，太空制造包括空间在轨增材制造与空间原位制造两个发展阶段（见图 15-1）。而太空制造的顺利推进，有赖于人类航天产业的发展完

① 杨兴文，韩静涛，刘靖：《空间在轨制造技术发展综述及展望》，《宇航学报》2021 年第 42 卷第 11 期，第 1343-1354 页。

善与空间在轨平台的建立。因此，我们按照人类太空制造发展的技术演进顺序，剖析太空制造技术的内涵所在。

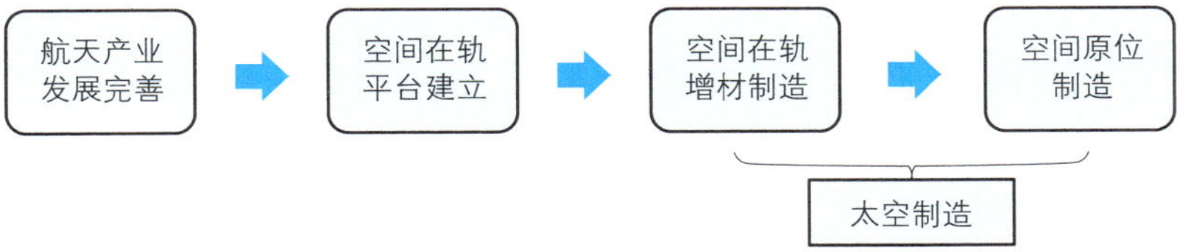

图 15–1 太空产业的发展脉络

（一）空间在轨增材制造

空间在轨增材制造指在地球以外的空间环境中，使用从地面携带的材料，自动或人为操作，实现所需实体材料或工业产品的一体化成型。空间在轨增材制造是太空制造的第一发展阶段，其特点是原料来自地面，产品产自太空。空间在轨增材制造的实现，标志着人类太空制造时代的真正来临。

所谓增材制造，是通过塑造、堆叠、融合材料层，进而制造完整工业产品的过程，制造期间不会减损预先存在的对象[①]。与此相反，减材制造指的是首先生产一整块材料，然后对其裁剪、切割，进而制造出特定形态工业产品的过程。根据在轨制造设备与制造材料方面的要求，增材制造具有灵活性强、预制材料刚性需求低、无废弃边角材料污染等优点，成为现阶段太空制造的唯一选择。增材制造是 3D 打印的舞台，因此在轨 3D 打印几乎成为现阶段空间在轨增材制造的代名词。

制造设备方面，相比传统地面制造，空间在轨增材制造有如下特

① 刘洁，时云，崔宇涛：《空间在轨增材制造技术的研究进展与展望》，《中国空间科学技术》2022 年第 42 卷第 6 期，第 23–34 页。

点：其一，受制于空间站优先的内部空间，制造设备需小型化；其二，受制于太阳能电池板有限的供电峰值，制造设备需低功耗；其三，宇航员尽管拥有较强的综合能力，但他们并不是专业的工业制造人才，因此制造设备的硬件与软件操作需简便化；其四，空间站的太空制造环境也是宇航员的生活环境，因此制造设备需要无污染。

（二）空间原位制造

实现空间在轨平台的建立与人类的中长期驻留以后，太空制造的发展目标进一步演化为保障地外基地建设与服务深空探测。对于远期大型太空设备建造任务，从地面供给一切工业原料，不仅经济上不划算，而且技术上不现实。

空间原位制造，指通过对地外资源与能源的提取、存储、转化等方式进行原位利用，以达到不依赖或者少依赖地球物质供给的工业制造过程。地外行星、卫星甚至彗星等存在大量可供工业使用的矿物资源及能源，实现地外资源的原位利用，意味着太空制造真正从制造设备与工业原料方面脱离了对地球传统工业的完全依赖。一方面，空间原位制造真正做到了工业产品取于太空、造于太空、用于太空；另一方面，空间原位制造还能实现制造于太空的工业产品回送地面、反哺地面，满足地表人类的相关需要。空间原位制造是太空制造的未来发展方向。

当前，空间原位制造仍处于探索与试验阶段，一些国家围绕空间原位制造、修复和空间原位资源利用开展了一些系统性研究。例如，美国国家航空航天局与美国华盛顿大学的研究团队合作，通过对模拟月球表面土壤岩石材料的激光熔化沉积，最终成功进行了成形试验，并制造出简单形状的测试样件，服务于太空任务本身的需要。

二、太空制造的发展阶段

（一）从太空产业到太空制造

到太空办工厂是一个遥远的目标，而这个目标的第一步，便是人类脱离地心引力伸手抚摸宇宙。大约 75 年前，人类终于实现了这个梦想。最初的“航天产业”并不是经济意义上的产业部门，其产生与存在也并非商业性质。航天产业发展于第二次世界大战末期与“冷战”初期，依赖于美苏的资本与技术投入，发展动力来自太空竞赛。尽管当时航天产业没有商业价值，但发展迅猛：1961 年，苏联宇航员尤里·加加林成为首位进入太空的人类；1969 年，美国人尼尔·阿姆斯特朗与巴兹·奥尔德林成为首次踏足月球的人类；1970 年，苏联“金星七号”登陆金星，这是人造飞行器首次登陆另一颗行星；1990 年，哈勃太空望远镜发射升空……

成功进入太空后，人类的第二个目标是在太空中长期驻留甚至永居。1971 年，苏联“礼炮一号”成为第一个空间站设施；1986 年，苏联“和平号”空间站核心舱发射，数次发射后总计 6 个模块组合成空间站，直至 2001 年退役；1998 年，国际空间站首个模块发射，经多次发射组合拼接。国际空间站由 16 个国家共建，成为太空探索与开发的标志。2021 年 4 月 29 日，中国空间站天和核心舱发射，计划于 2024 年建成中国首个空间站。

然而，无论是空间站、太空太阳能电站还是大口径红外望远镜，这些在轨平台巨大，超过了火箭的承载能力，一次或多次发射都不能满足建立要求，发射任务耗资巨大。因此，现有的地面制造空中组装拼接发展模式已无法适应，太空制造成为解决未来超大型空间平台结构的必然选择。空间在轨平台的建立也引发了对航空航天安全性问题的担忧与重视。鉴于多次航天悲剧，国际空间站存放了价值超过10亿美元的备件、工具、救援设备等以备应急所需。这些物品有超过99%的概率不会被使用，却占用了宝贵空间，且发射成本高昂。如果具备在太空按需制造、有针对性制造应急部件的能力，将保证航天安全性与可靠性，同时节约大量经济成本与平台空间。

（二）国外太空制造技术发展现状

美国在太空制造领域起步早，具备强大的技术积累。美国采用国家指导、企业参与、社会协助、产学研共建的发展模式，虽然太空制造技术细节尚不成熟，商业应用还有一段距离，但已初步实现了太空制造国家战略与企业商业目标的融合。

自1993年起，美国开始在空间中探索3D打印技术。2012年7月，NASA成功进行了3D打印的低重力抛物线飞行试验，将该技术成熟度从TRL3级提升至TRL5级（即成功完成全尺寸、全状态部件试验），是全球太空3D打印技术的最高成熟度。2014—2016年，NASA与美国太空制造公司合作，两次将该企业自主研发的3D打印设备送入国际空间站，探索高分子材料的增材制造。2014年9月的太空3D打印任务是人类首次成功的太空3D打印试验。2019年，美国太空制造公司与NASA合作的太空建筑师1号（Archinaut One）任务启动，旨在建造空间轨道上的小型卫星动力系统。

2013年，系绳无限空间技术开发公司（Tethers Unlimited，TUI）提出了“蜘蛛制造”（SpiderFab）太空制造技术计划，旨在利用在轨3D打印技术实现超大型空间在轨平台的制造和组装。2015年，TUI公司在NASA的资助下进行了名为Refabricator的项目，研制一台兼具高分子材料增材制造与循环利用功能的 3D 打印设备，以完善空间在轨增材制造能力，减少原材料的发射成本并降低太空垃圾，最大限度回收有限材料。2018 年，该设备被送入国际空间站并成功进行了初步试验，为未来太空制造的可持续发展奠定了基础。

除美国外，欧洲航天局和俄罗斯航天机构近年来也进行了多项太空 3D 打印技术验证。2016 年，欧洲航天局（ESA）与伯明翰大学合作研发了铝丝的定向能量沉积 3D 打印技术，但未能解决微重力下金属熔融液体的精确控制问题。2018 年，德国联邦材料研究所（BAM）与研究机构合作进行了“失重状态下的粉末增材制造项目”。2018 年底，俄罗斯宇航员在国际空间站使用 Invitro 医疗公司研制的生物 3D 打印机，首次成功在轨打印了人类软骨组织和啮齿动物的甲状腺组织。

（三）中国太空制造技术发展现状

中国太空制造技术研究起步较晚，但近年来实现了较快发展。目前，中国太空制造技术整体处于科研验证阶段，遵循国家主导、公立科研部门参与的发展模式，尚未形成一个独立的产业部门。

2016 年 2 月，中国科学院研究团队在法国波尔多利用抛物线飞机产生的微（低）重力环境成功开展了微重力高分子材料及其碳纤维复合材料增材制造技术验证，获取了不同材料与工艺在微重力环境下的相关数据，是中国首次开展的微重力环境下增材制造技术试验验证。2020 年 5 月 5 日，中国在海南文昌航天发射场发射了新一代载人飞船试验船，船上搭载了中国自主研制的 3D 打印机，飞行期间打印机自主完成了连续纤维增强复合材料的样件打印，并验证了微重力环境下复合材料 3D 打印的科学试验目标，这是中国首次太空 3D 打印试验，为中国太空制造事业的发展奠定了坚实的基础。

2021 年 4 月，中国空间站天和核心舱发射升空，预计将于 2024 年完成中国首个空间站的建设。中国空间站将成为未来中国太空制造技术新的试验平台。

太空制造技术是多学科融合的综合性前沿技术，目前除了美国实现了初步商业化发展以外，各国基本仍处于核心技术验证阶段。包括中国在内的世界各国纷纷布局技术攻关，加速技术赶超。对比中美首次太空 3D 打印任务发现，中美两国在太空制造技术领域存在诸多共通之处（见表 15–1）。未来，加强各国企业在该领域的交流合作，有利于人类太空制造事业实现跨越式发展。

表 15–1　中美两国首次太空 3D 打印任务对比

	中国首次太空 3D 打印	美国首次太空 3D 打印
时间	2020 年 5 月	2014 年 9 月
设备研制单位	中国航天科技集团（中央国有企业）	太空制造公司（初创民营企业）
发射载具	长征五号 B 遥一运载火箭发射的载人飞船试验船	猎鹰 –9 火箭发射的龙飞船
太空打印过程	地面预设、无人操作、一次打印	国际空间站宇航员操作、多次打印
设备工艺	复合浸渍与熔融沉积	熔融沉积成型制造技术（FDM）
使用原料	连续纤维增强复合材料	ABS 树脂（热塑性塑料）

资料来源：王功等（2020）[①]；高彬彬（2020）[②]；同时参考维基百科等网络资源进行整理。

① 王功，赵伟，刘亦飞：《太空制造技术发展现状与展望》，《中国科学：物理学 力学 天文学》2020 年第 50 卷第 4 期，第 95–105 页。

② 高彬彬：《中美首次太空 3D 打印对比》，《军民两用技术与产品》2020 年第 442 卷第 8 期，第 28–32 页。

三、太空制造公司的 ISM 实践

论及太空制造事业，最重要的主角之一便是世界上第一台太空 3D 打印设备的制造商——美国太空制造公司。尽管这只是一家成立于 2010 年的私营初创公司，但它成功研发了两代太空 3D 打印设备，为人类太空制造事业作出了杰出贡献。太空制造公司于 2020 年被红线公司（Redwire）收购，并继续它的使命。

（一）太空制造公司的建立发展

2010 年 8 月，在奇点大学（Singularity Education Group）进行暑期学习的亚伦·凯默（Aaron Kemmer）以及其他四位企业家共同创立了美国太空制造公司。正如公司名字所描述的那样，这些青年企业家的梦想是把人类地面上的工厂搬到太空，在宇宙空间制造工业产品，使得人类摆脱对地球的绝对依赖，并在不同的星球间穿梭。

2011 年，美国太空制造公司在美国加利福尼亚州创建了其第一所 3D 打印实验室。得益于其良好的技术积累，这一年公司获得了 NASA“飞行机会”计划（Flight Opportunities Program）的合同，并在 NASA 的支持下通过抛物线飞机实验，对太空 3D 打印设备进行技术验证。随后，美国太空制造公司获得了第一阶段小企业创新研究（Small Business Innovation Research，SBIR）拨款，用于设计能够在国际空间站上进行应用的 3D 打印设备。2013 年，其被授予 SBIR 的第二阶段与第三阶段。在之后的几年中，美国太空制造公司先后为国际空间站开发了两代 3D 打印设备，参与“多功能太空机器人精密制造与装配系统研发”（Archinaut）项目，并在政府和商业航天领域与 NASA 及其他私营航天公司深度合作。

2020 年 6 月，美国太空制造公司被红线公司收购，后者是深空系统公司和 Adecole Space 合并而成的新上市企业。

（二）太空制造公司的技术成就

自 2011 年起，直到 2020 年，美国太空制造公司逐步取得了多项开创性的技术成就，以下为其技术成就进程（见表 15–2）。

表 15–2 美国太空制造公司技术成就

年份	美国太空制造公司技术成就
2011 年	美国太空制造公司获得 NASA“飞行机会”计划合同，开发微重力环境下的 3D 打印技术
2012 年	NASA 授予美国太空制造公司小企业创新研究计划第一阶段合同，为国际空间站开发增材制造设备
2013 年	美国太空制造公司和 NASA 马歇尔航天飞行中心合作，共同建造“Zero–G”太空 3D 打印试验设备
2014 年	实现首次太空 3D 打印
2015 年	基于太空 3D 打印的成功经验，研制商业化的设备 AMF
2016 年	商用 AMF 发射进入国际空间站并开始商业化应用。美国太空制造公司再次与 NASA 合作，启动“多功能太空机器人精密制造与装配系统研发”项目，俗称太空建筑师
2017 年	太空建筑师项目成果在 NASA 的艾姬斯热真空室通过可行性测试
2018 年	太空建筑师项目增材制造技术和机器人装配技术通过可行性测试，使其具备进行太空飞行的资格
2019 年	太空建筑师 1 号任务启动。美国太空制造公司获得 NASA 的合同，将在空间轨道上建造一个小型卫星动力系统来演示验证太空建筑师项目的技术

资料来源：高彬彬（2020）[①]；红线公司官方网站[②]，经过作者整理。

① 高彬彬：《中美首次太空 3D 打印对比》，《军民两用技术与产品》2020 年第 442 卷第 8 期，第 28–32 页。

② 红线公司官方网站：https：//redwirespace.com/。

（三）美国太空制造公司的成功经验

美国政府的产业支持政策和企业扶持计划直接促进了美国太空制造公司的建立和发展。其中，小企业创新研究（SBIR）计划是美国政府资助的企业资助计划，旨在鼓励小企业，特别是初创企业进行创新和研发活动。美国太空制造公司凭借其太空 3D 打印设备的产品价值获得了 SBIR 资助，使得研发得以继续，并将第一代和第二代产品送入国际空间站。

产学研一体化的创新链直接激励了美国太空制造公司的发展与进步。公司的创始人亚伦·凯默及其他 4 名企业家共同参与了奇点大学的年度暑期项目。奇点大学事实上是一家以大学命名的企业，专门提供企业高管教育计划并为孵化初创企业提供支持。奇点大学与美国政府及各大企业紧密合作，为未来产业培育技术与管理人才。在奇点大学学习期间创立美国太空制造公司的企业家们，得到了 NASA 的肯定与鼎力支持，随后，美国太空制造公司在美国加利福尼亚州山景城莫菲特场的 NASA 艾姆斯研究中心创建了其 3D 打印实验室。在产品的研发过程中，他们所进行的抛物线技术试验、国际空间站应用试验均与 NASA 紧密合作。在机构培训、机构合作与 SBIR 计划的支持下，美国太空制造公司在成立的不到 4 年内，便将世界第一台 3D 打印机送入太空。美国学术研究、产业发展达到了充分融合，教育与市场行为达到了有机结合，成为前沿技术快速培育成熟并走向市场化的强劲动力。

社会对企业家精神的尊重是助力初创企业成功的关键。企业家是经济社会中具有创新力的个体，他们通过创新或者抓住市场机会，不仅为企业带来利润，也实现了自身价值和社会总体价值的增长。亚伦·凯默和其他创业者凭借专业知识，充分利用 NASA 和政府资金支持，将太空 3D 打印技术变为现实。社会对企业家精神的支持体现在多个方面，包括尊重个体创新、容忍冒险和试错、提供项目和资金支持、保护创新产权，以及减少政府干预企业市场行为等。尽管 NASA 制定了充分的太空领域发展计划，但政府和资本所有者无法替代企业家的创新精神，因为创新具有主动性和不可预测性，企业家才是创新的主要推动者。

四、未来展望

人类计划在中远期的未来实现空间原位制造，逐步摆脱对地面原材料和地面工厂的依赖。为此，NASA 制定了详细的产业发展规划，规划的重点是将制造技术从依赖地球发展到独立于地球。这是 NASA 探索路径的关键工作。在 2024 年之前，国际空间站继续作为 NASA 的主要投资对象，并作为太空制造技术的主要试验台和试验场。眼前的重点和第一步是太空 3D 打印和塑料回收，但在未来几年，太空制造活动的广度和范围将迅速增长，包括可打印电子产品、离子液体、金属增材制造以及空间平台维修能力的开发等。待 2025 年国际空间站退役后，NASA 计划逐步建立月球、小行星及火星实验室，以实现地外资源在制造领域的直接利用（见表 15–3）。

2020 年，中国完成了首次太空 3D 打印试验。在太空制造领域，中国仍处于发展的萌芽阶段，与美国存在较大技术差距。中国应充分把握后发优势，充分重视太空制造这一新的技术及产业领域，在新的大国博弈中抢占战略制高点。2022 年 1 月，国务院新闻办公室发布《2021 中国的航天》白皮书，对未来五年中国的太空产业做出规划。规划指出，未来五年将培育壮大空间应用产业，推动空间应用与数字经济深度融合，加快航天技术成果向经济社会的转移转化。对于中国未来太空制造产业的发展，应充分重视如下三点。

表 15-3　NASA 太空制造技术发展路线

地面工作	国际空间站工作			地外探索		
2012 年及以前	2014 年	2015—2016 年	2017—2018 年	2020—2025 年	2025 年	2030—2040 年
地面及抛物线试验	3D 打印技术验证	3D 打印技术验证	国际空间站实验	月球与拉格朗日实验室计划	地外行星地表制造	火星多材料制造实验室
多类别 FDM 零重力抛物线飞机试验	首次塑料 3D 打印机技术演示	未来工程师计划	太空回收设备技术验证	原型机器人/远程太空任务	运输车辆/场地建造需要原位制造能力	资源原位利用
商业化/系统性金属材料打印研究	NIAC 项目启动	ISM 零件认证目录	包含金属、高分子、电子器件、自主检测器件的集成制造系统	原材料供给	建筑增材制造	制造基于各种材料的部件（金属、塑料、合成材料、陶瓷等）
地面可打印电子元件/飞行器技术	NIAC 可打印飞行器技术	AMF 3D 打印机	可打印电子元件技术验证	资源原位利用（自然资源、生物合成）		在遥远空间区域依靠制造能力实现自给自足
3D 打印技术环境验证	可一天内制造的小型立方星	太空回收设备（小型企业创新研究计划）	生物合成材料技术验证	产品生产能力：制造各种备件、部件、工具等（地外生存）		
材料数据库	AF/NASA 太空增材制造研究	太空制造材料数据库	金属材料技术验证	自动化减材制造		
立方星设计与制造	原位资源利用技术第二阶段研究（小型企业创新研究计划）	舱外 3D 打印				
	离子液体	自动化技术				
	可打印电子元件	太空增材维修技术				

资料来源：NASA 官方网站①，经过作者整理。

① NASA 官方网站：https：//www.nasa.gov/oem/inspacemanufacturing。

其一，鼓励和支持商业航天发展。企业是技术创新的主体，近年来，商业航天企业在太空制造产业发展中发挥了重要作用。2020年，中国载人飞船试验船除了成功进行中国首次太空3D打印试验外，还搭载了世界首个基于金属3D打印技术的立方星部署器。该部署器由商业航天企业星众空间（深圳）科技有限公司研制，本次试验旨在验证新型部署器的结构强度、材料性能和空间环境适应性。然而，比起美国Space X等航天商业巨头及美国太空制造公司等，中国商业航天还有很长的路要走。今后应充分优化商业航天在产业链中的布局，坚持“两个毫不动摇”，在市场准入、融资支持、招投标等过程中对国有企业、民营企业一视同仁。

其二，完善科技创新体制机制，健全社会主义市场经济条件下关键核心技术攻关新型举国体制，建立产学研一体化的产业发展格局。太空制造涉及众多基础性学科领域，技术涵盖范围广、技术交叉性强。一方面，要注重关键技术领域研发攻关与交流互鉴，充分调动企业、高校、科研机构的积极性，强化基础研究，组织技术研发攻关；另一方面，积极跟踪美国等发达国家和地区的最新技术动态，强化技术学习、技术交流、技术合作，同时力争提出新观点、新方案。鼓励引导各个创新主体从事航天技术成果转化，最终形成太空制造领域产学研一体化的产业发展格局。

其三，以更加开放的姿态，促进太空制造领域国际双边及多边合作。国际空间站的国际合作及美苏（俄）在空间焊接领域的合作表明，技术与文明的交流互鉴有利于技术创新、技术进步、技术共享。中国应以更加开放的姿态，参与国际太空领域技术合作，充分利用好预计于2024年建成的中国空间站，承接即将退役的国际空间站的部分职能，推动太空制造领域在轨平台建设。此外，定期开展太空制造领域人才国际交流、开展地外原位资源（如月球土壤样本）的国际科研合作，继续同国际社会一道，促进包括太空制造在内的太空产业长期可持续发展，为人类太空事业的发展作出新的更大贡献。

后 记

对工业、制造业的研究是我的本职工作，从研究网络效应算起，我对互联网经济或数字经济的关注已有近 20 年的时间。随着数字技术的突破成熟和数字经济的进一步发展，互联网开始从消费互联网走向产业互联网，制造业和数字经济这两个原本看似离得很远的领域交织并逐步融合到一起，进而产生一系列化学反应，使制造业不断出现产品架构、组织形态、商业模式、生产流程等方面的创新，涌现出一个又一个的新“物种”。

2012 年，英国《经济学人》杂志刊发了“第三次工业革命”的文章，指出制造业进入数字化制造阶段，随后德国政府发布“工业 4.0”战略，认为未来的工业是一个信息物理系统（Cyber-Physical Systems，CPS）。美国、中国、日本等主要工业大国也都发布了各自的智能制造、制造业数字化转型等方面的战略和政策。在实践层面，所谓的制造业新“物种”更是不断涌现：美国通用电气提出工业互联网概念并推出 Predix 工业互联网平台，德国西门子推出 MindSphere 工业互联网平台，国内以航天科工、青岛海尔、美的、三一重工等为代表的制造业龙头企业也纷纷发布了自己的工业互联网平台。红领西服的个性化定制火爆一时，必要商城的 C2M 模式吸引了不少关注，阿里平台上的淘工厂兴起，颠覆服装行业“小单快反”模式的犀牛工厂发布，希音（SHEIN）成为广受欢迎的服装跨境电商平台，汽车公司开始车载功能的订阅……制造业中这些不断涌现的新模式渐渐在我心里埋下一颗种子，希望有一天能够把这些新模式做一个系统的梳理、总结。在工业经济研究所同事们的共同支持下，这颗种子终于发芽并长成一棵小树，这就是您手中的《未来制造：数智化时代的制造新模式》一书。

本书是集体合作的结晶。本书的作者主要来自中国社会科学院工业经济研究所，各章的作者如下：前言为李晓华，第一章为方晓霞、余晓，第二章为张作祥，第三章为方晓霞、叶智程，第四章为杨志浩，第五章为李晓华，第六章为王智航，第七章为赵剑波，第八章为王秀丽，第九章为赵剑波，第十章为邓洲，第十一章为许明，第十二章为严欢，第十三章为寇冬雪，第十四章为刘佳骏，第十五章为宋孟起。

本书的问世同样要感谢许多人。感谢中国发展出版社王忠宏社长给我们提供一个高水平的成果发布平台，梁仰椿总编辑对本书出版给予的关心和支持，雒仁生主任为本书的编辑出版付出的辛勤工作。感谢近些年来许多座谈、论坛中的各位专家的精彩观点给我们的启发，感谢接待我们调研的企业给我们展示了一个个新物种的鲜活案例，感谢审稿专家为本书完善提出宝贵的建议。最后，感谢中国社会科学院工业经济研究所的领导和同事对我们一如既往的关心与帮助！

本书是对制造新模式的一个初步探索，我们试图发现重要的新模式并提炼出其特征与规律。尽管我们花费了不少时间阅读文献、调研企业、剖析案例、落笔成文，并经过多次的讨论和修改，但是受能力所限，书中难免有疏漏和错误，请方家不吝赐教。我们也期待今后有机会对本书进行修订，将制造新模式的最新探索实践、制造新模式的最新研究成果吸收进去。我们希望这本小书，能对中国制造业数字化实践有所裨益。

李晓华

2024 年 5 月